VERBORGENES
GENF

Christian Vellas

JONGLEZ VERLAG

Reiseführer

W ir hatten große Freude bei der Arbeit an diesem Reiseführer mit dem Titel *Verborgenes Genf* und hoffen, dass Sie in seiner Begleitung wie wir selbst ungewöhnliche, verborgene oder eher unbekannte Aspekte der Stadt entdecken können. Einige Einträge sind mit historischen Anmerkungen oder Anekdoten versehen, die dazu beitragen sollen, die Stadt in ihrer ganzen Komplexität zu verstehen.

Verborgenes Genf lenkt die Aufmerksamkeit des Reisenden auch auf eine Vielzahl von Details, auf die die Autoren an Orten gestoßen sind, an denen man Tag für Tag vorbeigeht, ohne sie zu bemerken. Wir laden Sie ein, die urbane Landschaft näher ins Auge zu fassen und auch Ihre Stadt mit der Neugier und Aufmerksamkeit zu betrachten, die wir anderen Orten auf Reisen oft entgegenbringen ...

Über Anmerkungen zu diesem Reiseführer und seinem Inhalt sowie Informationen zu Orten, die darin nicht aufgeführt sind, freuen wir uns sehr und bemühen uns, diese in künftige Ausgaben aufzunehmen.

Kontaktieren Sie uns:
  E-Mail: info@jonglezpublishing.com
  Jonglez publishing
  25, rue du Maréchal Foch,
  78000 Versailles, Frankreich

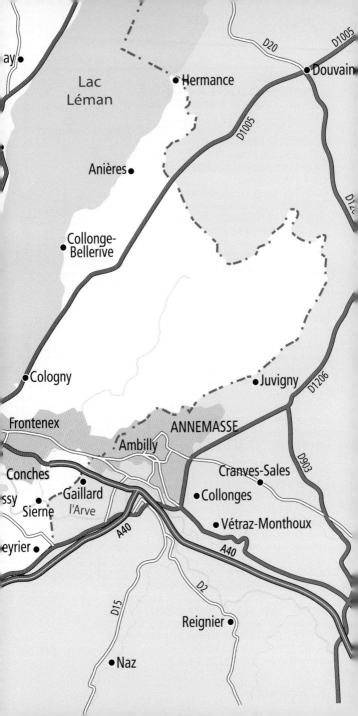

INHALT

INHALT

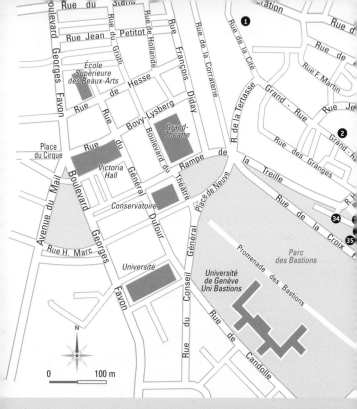

LINKES UFER

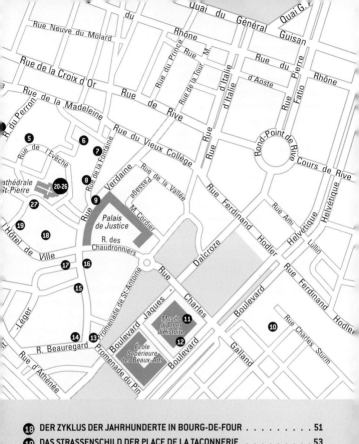

DER LETZTE PFEILER DER ALTEN KUPPELN ❶

Rue de la Cité 5
• Tram 12, 16, 17, Haltestelle Bel-Air/Cité

> *Eine typisch Genfer Lösung für Wohnungskrisen*

Am Ende der Rue de la Cité, kurz vor dem Escalade-Brunnen in Richtung Rues-Basses, stützt eine Holzsäule eine Ecke des oberen Stockwerks eines Hauses ab. Sie ist das letzte Relikt der vielen Versuche, die Wohnungskrisen zu meistern, die Genf in seiner langen Geschichte plagten.

In ihren Mauern eingeschlossen, konnte die Stadt sich nur nach oben hin ausdehnen, um für Neuankömmlinge ausreichend Wohnraum zu schaffen. Genfs Lösung bestand darin, Zimmer, die über die Straße hinausragten und von Holzpfeilern getragen wurden, an eine bestehende Wand anzubauen. Diese großen Rahmenkonstruktionen verband man durch horizontale Balken.

Es gab vier Arten von Anbauten, die sich nach ihrer Balkenstruktur unterschieden. Sie wurden erstmalig 1284 erwähnt. Im Laufe der Zeit entstanden sie in Rues-Basses, Molard, Longemalle, Bourg-de-Four, an der Place de la Fusterie, in der Rue de la Cité, Rue Saint-Léger sowie rechts vom Ufer an der Place Saint-Gervais und in der Rue de Coutance.

Die vielen protestantischen Flüchtlinge aus Frankreich während der Reformation machten den weiteren An- und Ausbau der Häuser nötig, was aufgrund des Vermögens der Flüchtlinge auch möglich war. Ende des 18. Jahrhunderts ragten in Genf mehrere Hundert solcher Anbauten in die Hauptverkehrsstraßen hinein. Bei schlechtem Wetter konnten sich die Fußgänger dort unterstellen. 1824 schimpfte ein Anwohner: „Diese riesigen Sonnenschirme halten zwar die bereits verschmutzte Luft in den Räumen vom Zirkulieren ab, aber zumindest dienen sie auch als Regenschirme!"

Die Ladenbesitzer in Rues-Basses stellten zusätzlich beidseitig Stände auf, die die Straßen weiter einengten. Die Stadt war überfüllt – was vorübergehend sein sollte, wurde dauerhaft und die Einwohner befürchteten das Ausbrechen von Bränden.

Ab 1825 wurden die veralteten Anbauten nach und nach abgerissen, bis 1854 nur noch ein Dutzend übrig war. Der letzte Anbau, der sich am Place de la Fusterie befand, verschwand 1875.

Die Geschäftsgruppe Confédération Centre in der Rue de la Confédération wollte den „Geist" der alten Anbauten wieder aufleben lassen, auch wenn dieser oft von Passanten ignoriert wird, die einen solchen Hinweis auf diese architektonischen Besonderheiten oft gar nicht wahrnehmen.

ALBERT GALLATIN: EIN „GENFER" AMERIKANER HALF DEN USA, NAPOLEON LOUISIANA ABZUKAUFEN

Die Vereinigten Staaten verdanken der Rue des Granges sehr viel! Albert Gallatin (1761–1849), der eine große Rolle in der Konsolidierung des Landes spielte, wurde im Haus Nummer 7 geboren. Schon in jungen Jahren verwaist, wuchs er bei seiner Großmutter Louise-Suzanne Gallatin-Vaudenet auf. Im Jahr 1780, im Alter von 19 Jahren, verließ er heimlich Genf, um nicht von seiner Familie gezwungen zu werden, sich bei den Truppen Friedrichs II. von Hessen zu melden. Er begab sich in die Vereinigten Staaten, die vier Jahre zuvor ihre Unabhängigkeit erklärt hatten. Als Holzfäller, Trapper, französischer Professor in Harvard und dann als Pionier (mit 25 erhielt er sein Erbe und kaufte ein großes Grundstück in Pennsylvania) führte er das dynamische Leben eines Kolonisten. Nachdem er 1785 seine amerikanische Staatsbürgerschaft erhalten hatte, gründete Albert Gallatin 1789 mit anderen Genfer Einwanderern die Kolonie New Geneva. Es wurde die Heimat von „A. Gallatin & Company", einem Industrie- und Landwirtschaftsunternehmen. In dieser Zeit begann Gallatins politische Karriere: Er hatte ein Jahr zuvor an der „Anti-Föderalismus"-Bewegung teilgenommen, die später zur Republikanischen Partei wurde, und er stieg schnell in den politischen Reihen auf. Als Mitglied der Republikanischen Partei verlor Albert Gallatin 1793 knapp das Senatsrennen — er konnte nicht gewählt werden, weil ihm dafür ein Jahr seiner amerikanischen Staatsbürgerschaft fehlte. Während seiner Zeit als US-Finanzminister (1801 bis 1813) war es ihm gelungen, einen Kredit von 11 Millionen Dollar auszuhandeln, um Napoleon Louisiana abzukaufen. 1815 nutzte Gallatin eine Reise nach Europa, um seine Heimatstadt zu

besuchen. Er verbrachte einen Monat in Genf und wohnte in der Rue de la Cité bei Madame Naville-Gallatin.

Der Ruhm dieses „Genfer" Amerikaners führte dazu, dass nach seinem Tod einer von den drei Nebenflüssen des Missouri nach ihm benannt wurde. Die anderen beiden wurden nach Jefferson und Madison benannt, jenen US-Präsidenten, mit denen er zusammengearbeitet hatte.

Rue des Granges 7
Bus 36, Haltestelle Hôtel-de-Ville

CAMILLO BENSO GRAF VON CAVOUR – DER VATER DER ITALIENISCHEN VEREINIGUNG LEBTE IN GENF

Camillo Cavour (1810–1861), der als maßgeblicher Architekt des Vereinten Italiens gilt, verbrachte einen Teil seiner Jugend im Hause seiner Großeltern mütterlicherseits, der Familie Boissier-Sellon, in der Rue des Granges 2 sowie auf der Burg seines Cousins Graf Eugène de Roussy de Sales in Thorens in der Region Savoyen. Während seiner Zeit als Premierminister des Königreichs Piemont-Sardinien gelang es Cavour, die Mehrheit des Landes unter der italienischen Krone erfolgreich zu vereinen; seine geheimen Verhandlungen mit Napoleon III. waren dafür ein entscheidender Faktor. Als er im Juni 1861 an einem Schlaganfall starb, fehlten nur noch Venedig und Rom für ein vereintes Italien.

Im 18. und 19. Jh. pflegten die Genfer Behörden – wie auch andere europäische Länder – Lotterien zu organisieren, um das Krankenhaus und andere Stadtprojekte zu finanzieren. Camillo Cavour verteidigte staatlich organisierte Lotterien mit Zynismus und argumentierte, sie stellten eine zusätzliche Steuer für Dummköpfe dar.

Das prachtvolle Gebäude in der Rue des Granges, das seit 1923 unter Denkmalschutz steht, wurde schließlich 1955 von der Stadt Genf gekauft. Um die geräumigen Zimmer einzurichten, akzeptierten 1959 die Behörden das Angebot der Gräfin Zoubov, die eine bemerkenswerte Sammlung an *objets d'art* aus dem 18. Jh. besaß. Sie einigten sich auf einen Handel: Genf konnte seine offiziellen Gäste in einer prestigeträchtigen Umgebung begrüßen, während die Gräfin in den Privaträumen dieser schönen Residenz leben durfte. Als gebürtige Argentinierin (sie hatte 1922 in Cologny einen russischen

Adligen geheiratet) widmete sie den Wohnsitz ihrer Tochter Tatiana, die im Alter von 18 Jahren bei einem Verkehrsunfall in Uruguay ums Leben gekommen war, wie eine Tafel über dem Eingang zeigt.

Die Zoubov-Sammlung umfasst seltene Möbelstücke berühmter französischer Hersteller, Keramik, Sèvres-Porzellan, kostbare Teppiche und Gemälde von Künstlern wie Vigée-Lebrun.

Collection Zoubov
Rue des Granges 2
Bus 36, Haltestelle Hôtel-de-Ville

DIE TÜR DES PICTET-HAUSES

Grand-Rue 15
• Bus 36, Haltestelle Hôtel-de-Ville

Ein wahres Wunder

Ein Juwel der Grand-Rue, das Pictet Haus, wurde 1690–93 für Bürgermeister Jacques Pictet errichtet. Nach heutigem Maßstab war es eher eine aufwändige Renovierungsarbeit, die Baumeister Abraham Calame durchführte, denn Pictet hatte vier Häuser gekauft, aus denen Calame nun eines machen sollte. Die Zwischenmauern blieben erhalten, eine neue Fassade entstand, zusammen mit einem bemerkenswerten Treppenturm im Innenhof, der die vier alten Treppen zur Straße ersetzen sollte. Die Details sind üppig: Flügelfenster, die durch Bänderung und Wandplatten miteinander verbunden sind, plastische Dekorationen und außergewöhnliche Kunstschmiedearbeiten. Das spektakulärste Element ist jedoch die Eingangstür, die im Gegensatz zum Hausinneren von Passanten betrachtet werden kann. Die Pilaster der Tür tragen ein prächtiges Gesims, das die einheitliche Fassade angenehm auflockert. Der Türrahmen ist ein Meisterwerk der Holzbearbeitung, ein Paradebeispiel dafür, was die Genfer Kunsttischler des späten 17. Jhs. leisten konnten. Dieses Wunderwerk wurde 1946–47 restauriert.

„EINER DER SCHLIMMSTEN AUSWÜCHSE DES LUXUS, DER UNS SO LANGE VERSCHLANG"

Um den Geschmack für diese prächtigen Wohnungen mit der Genfer Austerität, die von den calvinistischen Edikten stammte, in Einklang zu bringen, wurden strenge Gesetze erlassen: Bis 1747 war es verboten, mehr als einen Spiegel im Zimmer aufzuhängen, die Größe des Spiegels wiederum richtete sich nach dem sozialen Stand. Die Wohlhabenden wussten jedoch, wie sie diese Vorschriften umgehen konnten. Im Jahr 1794, ein Jahrhundert nach der Errichtung des Pictet-Hauses, verkündeten die Genfer Revolutionäre: „Einer der schlimmsten Auswüchse des Luxus, der uns so lange verschlang, war die Besessenheit der Reichen, ihre Nutzlosigkeit in riesigen Wohnungen zur Schau zu stellen."

DER LETZTE GENFER „FEUERTOPF"

Rue du Perron/Rue Jean-Calvin
• Tram 12, Haltestelle Molard
• Bus 36, Haltestelle Hôtel-de-Ville

> *Ein Überbleibsel des ehemaligen Beleuchtungssystems*

Am oberen Ende der Rue du Perron an der Ecke zur Rue Jean-Calvin befindet sich ein merkwürdiges, rostiges Eisenteil an der Hauswand hinter dem Brunnen. Es ist das letzte Überbleibsel eines Beleuchtungssystems, das der Stadt Genf für fast drei Jahrhunderte diente.

Jede Nacht wurde dieser „Feuertopf" mit einer Mischung aus Harz und Teer gefüllt, die, sobald angezündet, die Kreuzung beleuchtete. Calvin profitierte von dem hellen Lichtschein, wenn er von der Kathedrale nach Hause ging.

Die öffentliche Beleuchtung war für die Genfer Behörden wegen der Unsicherheit, die nach Einbruch der Dunkelheit in der Stadt herrschte, ein ständiges Problem. Eine Entscheidung über die Installation dieser Vorrichtungen an Hauptkreuzungen findet sich jedoch erst ab 1526 in den Archiven des Rats: Die „Feuertöpfe" sollten nur in „Notfällen" angezündet werden, da die Beleuchtung sehr kostspielig war.

Im Jahre 1654 wurden die Bewohner gebeten, Kerzen in ihre Fenster zu stellen, um Feuerwehrmänner während der Einsätze zu leiten. Diese Maßnahme war zunächst optional, wurde aber für die unteren Etagen bald obligatorisch.

Im Allgemeinen blieb Genf jedoch im Dunkeln. Erst mit der Ankunft der ausländischen Truppen 1782 (sie kamen, um die Regierung der Aristokraten, die von der Bourgeoisie überrannt worden war, wiederherzustellen) wurde ein Minimum an öffentlicher Beleuchtung installiert.

Der Marquis von Jaucourt, Kommandant dieses Bündnisses, ordnete die Vermehrung und regelmäßige Nutzung der „Feuertöpfe" an.

Während der Genfer Revolution 1794 gaben die Stadträte diesen Luxus auf. Sie eliminierten zunächst 108 Straßenlampen und klassifizierten die anderen in drei Kategorien: die „Unentbehrlichen", die „Notwendigen" und die „Nützlichen bis 22 Uhr". Wegen leerer Kassen blieben während der französischen Besatzung die Straßenlaternen zweimal aus – im Mai 1799 und im Dezember 1800. Nach dreizehn Monaten Dunkelheit wurden 84 Laternen wieder in Betrieb gesetzt, darunter acht, die die ganze Nacht brannten.

Dank der „rauchfreien Öllampe", die der Genfer Aimé Argand 1784 erfunden hatte, kam der Fortschritt endlich auch in fremden Städten an. Der Pariser Antoine Quinquet stahl Argands Idee, und am Ende waren es von N. Paul perfektionierte Lampen, die unter dem Bürgermeister Frédéric-Guillaume Maurice (1801–1814) die Straßen Genfs beleuchteten.

GEHEIMNISVOLLE ZAHLEN AUF DEN PERRON-TREPPEN

❹

Rue du Perron
• Bus 36, Haltestelle Hôtel-de-Ville

Kennzeichnung der Marktstände?

Am oberen Ende der Rue du Perron führen drei Granitstufen zur Rue Jean-Calvin. Auf ihnen sind ein Dutzend tief eingravierter, großer Zahlen und Kreuze verstreut. Woher kommen sie und was bedeuten sie?

Niemand in der Stadt scheint die Antwort zu kennen. Historiker, Archäologen, Grundbuchamt, amtliche Landvermesser – jeder hat so seine eigene Idee. Das Durchsuchen der Archive zur Geschichte dieses Viertels wirft auch kein Licht auf das Geheimnis.

Wir erfahren jedoch, dass es in der Vergangenheit keine Stufen am Ende der Rue du Perron gab und Kutschen sowie Reiter direkt zur Kathedrale und zum Rathaus hinaufgelangen konnten.

Aber ein alter Plan zeigt eine Reihe von kleinen Stufen, die an die rechte Seite der Straße angrenzten, wo sich diese abrupt verengte und durch eine Unterführung bei Puits-Saint-Pierre in die Rue des Chanoines, wie die Rue Jean-Calvin einst benannt war, überging.

Am Ende der Rue du Perron befand sich eine Tür, die von der Familie Tavel in Auftrag gegeben wurde. Der Genfer Historiker und Patriot François Bonivard erwähnt sie 1546.

Nach einer Vielzahl von Hypothesen lieferte Jean-Paul Wisard, ein ehemaliger Experte der Direction Cantonal de la Mensuration Officielle, die plausibelste Erklärung: Zum Bau der Stufen könnten Bordsteine von Genfer Märkten wiederverwertet worden sein. Es gab achtundzwanzig von ihnen, verteilt auf die verschiedenen Stadtteile. Dort wurden die Stellplätze für Markt- und Gemüsehändler mit in den Bordstein eingravierten Zahlen markiert.

In den 1780er-Jahren wurde ein Nummerierungssystem eingeführt mit dem Zweck, Ordnung in die Docks des Holzhafens zu bringen. Die Nutzung wurde 1788 auf die Gemüsehändler ausgedehnt, um sie daran zu hindern, die Hauptverkehrsstraße in der Unterstadt zu blockieren. Der ihnen zugewiesene Platz war auf den Märkten von Fusterie und Molard auf diese Art genau abgegrenzt: Nummerierte Steine markierten die Standorte; die Namen der Händler sowie die zugeteilten Nummern wurden bei der Polizei registriert.

DIE „GEHEIME" MONETIER-PASSAGE ❺

Rue du Perron 5
- Tram 12, Haltestelle Molard
- Bus 36, Haltestelle Hôtel-de-Ville

Eine enge Gasse – einen Tag im Jahr geöffnet

Am Tag der Escalade-Feier (am Sonntagabend vor dem 11. Dezember) sollten Sie die einmalige Gelegenheit nutzen, die Monetier-Passage zu entdecken, denn den Rest des Jahres ist sie durch ein Tor geschlossen.

Diese Gasse, die von der Rue du Perron bis zur Rue des Barrières führt, ist besonders schmal. Korpulente Besucher riskieren steckenzubleiben, und selbst Schlanke müssen sich manchmal seitwärts drehen, um durchzukommen.

Beim Zugang von der Rue du Perron zeigt eine grobe Karte des Viertels, die in der Wand eingraviert ist, die Position der Kathedrale St. Peter und der Magdalenenkirche mit folgender Inschrift an: „Monetier-Passage, am Fuße des Kreuzganges der Kathedrale Saint-Pierre, XII.-XIII. Jh."

Diese Passage ist ein Überbleibsel eines Weges, der am Ende des 5. Jhs. während des späten Römischen Reiches unter den Mauern hindurchführte. Folgender Verlauf dieser ersten Stadtmauer wird angenommen: Rue de l'Hôtel-de-Ville, vorbei am Chor des Auditoriums, weiter die Rue de la Fontaine hinunter, dann die Muret- und Monetier-Passage, die Rue de la Tour de Boël zur Ecke mit der Sackgasse Rue de Bémont, dann entlang der Kammlinieder Abhänge von Tertasse und Treille und am Baudet-Turm vorbei bis zur Ecke der ehemaligen Rue du Manège (heute Rue René-Louis Piachaud).

Die Monetier-Passage war einer der vielen mehr oder weniger geheimen Wege, die es der bürgerlichen Miliz erlaubten, durch Innenhöfe und Quergassen schnell ihre Kampfposition zu erreichen. Die verschiedenen Abschnitte waren jeweils durch Türen abgetrennt und die Verlängerung zur Rue da la Fontaine wurde über die Passage du Muret hergestellt (siehe Seite 31).

Die Monetier-Passage hat die Zeit überdauert, da die aufeinanderfolgenden

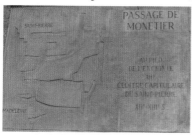

Hausbesitzer nicht direkt an das Haus ihrer Nachbarn bauen wollten (angrenzende Wände waren Streitpunkte). Und somit dienten diese engen Gassen zwischen den Gebäuden dem Regenabfluss und oftmals auch der Abwasserentsorgung.

DIE WINDUNGEN DER RUE DES BARRIÈRES ❻

• Bus 36, Tram 12, Haltestelle Molard

> *Überreste eines militärischen Verteidigungssystems*

Sie ist dunkel, kalt und rutschig und nachts eine gefährliche Nebengasse: Die Rue des Barrières ist mit ihren Treppen, schrägen Rampen und schlauen Kurven ein Beispiel für die Kunst der Ablenkung, erfunden von Soldaten, um Angreifer abzuwehren. Tatsächlich hielten die vielen unübersichtlichen Winkel den Feind von Schießmanövern ab, während die Verteidiger ihren Gegner leicht ins Visier nehmen konnten. Die Straße zeigt die Kunst guter Befestigungsanlagen in ihrer seltsamsten Ausprägung. Überreste von 2 m dicken Mauern in den Kellern der Gebäude, die die Straße säumen, und vor allem drei enge Öffnungen (alte Schießscharten?) mit Blick auf die Rue des Barrières deuten darauf

hin, dass es sich um einen vorgeschobenen Verteidigungsstützpunkt zum Schutz des Bistums am See handelte. Das Niveau des Genfer Sees war früher höher und lag näher am oberen Teil der Stadt. In der Vergangenheit wurde das obere Ende der Rue des Barrières durch das Klostertor verschlossen, wodurch die Mönche am schnellsten zu einem Festessen im unteren Teil der Stadt gelangten: Damals befand sich nämlich eine der ältesten Genfer Gaststätten, das *La Mule*, am Ende dieser Straße.

DIE EINGEMEISSELTE BOMBE HINTER DER MAGDALENENKIRCHE

Rue Toutes-Âmes, Rue de la Fontaine
• Tram 12, 16, 17, Haltestelle Molard

> **Ein Luftschutzbunker unter der Altstadt – erstaunlicher Zeuge des Krieges**

Auf der kleinen Esplanade zwischen der Rue Toutes-Âmes und der Rue de la Fontaine schmückt eine Agraffe (ein dekorativ verzierter Schlussstein) eine der drei in den Hang eingelassene Türen. Sie zeigt eine gewaltige Bombe, die zwischen der Île Rousseau, erkennbar an den Pappeln, und den Türmen der Kathedrale fällt. Hinter diesen unauffälligen Türen verbirgt sich der Eingang zu einem Luftschutzbunker, der perfekt verborgen im Herzen der Altstadt liegt. 1939 wurden mehrere solcher Bunker zum Schutz der Genfer Bürger gebaut. Denn obwohl neutral, konnte die Schweiz irrtümlich Opfer von Angriffen werden, wenn die Piloten feindliche Ziele anflogen. Aus diesem Grund wurde unterhalb des Agrippa-d'Aubigné-Geländes hinter der Magdalenenkirche ein zweistöckiger Schutzraum für 1.200 Personen errichtet. Da der riesige Raum nun nicht mehr für den Zivilschutz genutzt wurde, fiel die Entscheidung, ihn in einen kulturellen Treffpunkt umzuwandeln, wo junge Menschen ermutigt werden, sich mit darstellender Kunst (Musik, Theater, Tanz, Poesie) oder bildender Kunst (Skulptur, Malerei, Fotografie) sowie jeder anderen Form des künstlerischen Ausdrucks zu beschäftigen. Der ehemalige Bunker wurde in mehrere Säle mit unterschiedlicher Kapazität unterteilt, um Werkstätten oder Zuschauer unterzubringen. Die dicken Wände, die ursprünglich vor Bomben schützen sollten, bieten eine hervorragende Schallisolierung.

WENN GENF MIT GENUA VERWECHSELT WIRD

In der Nacht des 11. Juni 1940 bombardierten in drei erfolgreichen Angriffen englische Armstrong-Whitworth A.W.38 Whitley-Flugzeuge die Genfer Gebiete Champel, Plainpalais und Carouge. Die Bomben fielen auf den Chemin Venel, den Chemin de la Roseraie, den Chemin des Croisettes, die Rue de la Ferme, die Rue Beau-Séjour und die Rue des Allobroges. Vier Menschen wurden getötet, mehrere Dutzend verletzt. Was war die Ursache für diesen Fehler? Die Piloten, die in der Nacht und über bewölktem Himmel flogen, sollen ihre Position falsch eingeschätzt und Genf mit Genua verwechselt haben. Die britische Regierung entschuldigte sich und zahlte 1,2 Millionen Franken Entschädigung. Eine Summe, mit der gleichzeitig auch andere Schäden durch Bombenabwürfe über Renens und Daillens im Kanton Waadt abgegolten wurden.

DIE ÜBERRESTE DER PASSAGE DU MURET ❽

Zwischen Rue des Barrières und Rue de la Fontaine
• Bus 36, Haltestelle Bourg-de-Four

> **Durch diese Passage floh 1533 der letzte Bischof von Genf**

Die Monetier-Passage führte früher weiter zur Muret- (oder Mouret-) Passage in Richtung Rue de la Fontaine (ehemals Rue du Boule). Spuren sind noch erhalten, insbesondere auf dem Gelände Agrippa-d'Aubigné, wo eine inzwischen zugemauerte Galerie an der äußeren Mauer des ehemaligen Bistumsgefängnisses entlangführte.

Wenn Sie einen Blick durch das enge Tor auf halber Höhe des Durchgangs werfen, werden Sie ein paar in den Abhang hineingefügte Stufen erkennen, die zu einem verrosteten Eisentor führen. Danach geht es eine sehr steile Treppe

zur Rue de la Fontaine hinunter, wo der zugemauerte Eingang unter dickem Efeu verborgen liegt (Foto gegenüber). Es ist interessant, die Stelle mit der Situation vor 1924 zu vergleichen (Foto links). Ein dreistöckiges Gebäude erhob sich damals über der Muret-Passage.

Das Bistumsgefängnis beanspruchte seit 1842 den gesamten hinteren Teil des Grundstücks, auf dem sich ehemals die Bischofsresidenzen befanden. Es wurde 1914 geschlossen und 1940 schließlich abgerissen.

Vor 1842 verlief die Muret-Passage unter freiem Himmel. Der Legende nach soll der letzte Bischof von Genf, Pierre de la Baume, 1533 bei Nacht durch diese Passage geflohen sein.

DAS SELTSAME SCHICKSAL DER LUTHERISCHEN KIRCHE

9

Rue Verdaine 20
- Tel.: +41 22 310 41 87
- www.luther-genf.ch
- Tram 12, 16, Bus 2, 6, 7, 9, 20, Haltestelle Molard
- Bus 36, Haltestelle Bourg-de-Four

> *Eine ungewöhnlich aussehende Kirche*

Die lutherische Kirche von Genf sieht seltsamerweise nicht aus wie eine Kirche – die Folge eines 1760 unterzeichneten Abkommens zwischen ihren Erbauern und der Republik Genf.

Der Grund für diese ungewöhnliche Vereinbarung war der niemals gelöste Konflikt zwischen den calvinistischen und lutherischen Dogmen. Martin Luther, ein deutscher Priester, der sich gegen Rom auflehnte, hatte fünfundneunzig reformatorische Thesen an die Tür der Wittenberger Schlosskirche genagelt, zwanzig Jahre bevor Calvin in Genf ankam.

In Genf wurden Lutheraner toleriert. Sie wurden nicht geliebt, aber man hasste sie auch nicht. Die Calvinisten behandelten diese wie abtrünnige Brüder, die sich durch einige grundlegende Glaubenssätze von ihnen unterschieden. Bei der Aufnahme von Flüchtlingen und der Hilfe für Bedürftige arbeiteten sie dennoch zusammen. Dies führte zu folgender Übereinkunft: Als Gegenleistung für das Recht, ein privates Gotteshaus zu bauen, sofern es nicht wie ein religiöses Gebäude aussah, würden die Lutheraner dafür

verantwortlich sein, nicht nur den Armen ihrer Pfarrei zu helfen, sondern auch allen anderen der nicht-calvinistischen Kirchen. Der Kompromiss entsprach der lutherischen Kirche, die sich so diskret um ihre überwiegend aus dem Norden kommenden Schäflein kümmern konnte.

Als das Gebäude 1766 fertiggestellt wurde, war es die erste nicht-calvinistische Kirche in der reformierten Hauptstadt, aber ihre Anhänger wurden von den Glocken der Kathedrale zum Gottesdienst gerufen – Deutsch war ja schon immer die offizielle Kirchensprache.

Auf dem heutigen Standort der lutherischen Kirche erhob sich früher die Burg Allinges-Coudrée, ein massives Bauwerk mit zinnenbekrönten Mauern und bis 1665 vier Ecktürmen – im 18. Jh. war nur noch ein Turm erhalten.

DIE BÜSTE VON RODOLPHE TOEPFFER

Rue François-Lefort und Rue Rodolphe-Toepffer
• Bus 36, Haltestelle Eglise Russe

> *Der Erfinder der Comics war Genfer!*

Auf einem kleinen Platz in der Rue François-Lefort steht die Büste von Rodolphe Tœpffer, eine Arbeit seines Sohnes Charles. Rodolphe selbst wollte Maler werden wie sein Vater Adam Toepffer. Mit 17 Jahren erkrankte er an den Augen und musste stattdessen den Lehrberuf ergreifen. Gegen Ende seines Lebens verlor er völlig das Augenlicht und starb 1846 mit 47 Jahren. In der Promenade Saint-Antoine Nr. 14 stand das Internat, in dem er fortschrittliche Methoden anwandte: Er nahm seine Schüler oft zu langen „Schulausflügen" mit, die einige Wochen dauerten und auf denen ihr akademisches Wissen mit der Realität der von ihnen besuchten Regionen konfrontiert wurde.

Rodolphe Tœpffer beschrieb diese Reisen in lustigen, mit Skizzen illustrierten Geschichten.

Vornehmlich ermutigt von Goethe, der vom Erfindungsreichtum und dem neuen Ansatz begeistert war, begann Toepffer Alben herzustellen, die zum Ursprung der Comics wurden. Es gab Monsieur Jabot, Monsieur Crépin, Monsieur Cryptogame und Monsieur Vieux-Bois, um nur einige zu nennen – wahre Meisterwerke von sprühendem Witz.

TOEPFFER: QUELLE DER INSPIRATION FÜR GUSTAVE DORÉ, PICASSO ...
Toepffers Zeichnungen beeinflussten viele große Künstler, die sich nicht schämten zuzugeben, wie viel sie ihm schuldeten. Nennenswert sind Gustave Doré und Picasso, der in seiner Jugend in amerikanischen Zeitungen Comics veröffentlicht hatte.

DIE MYSTERIÖSEN DAMEN DES TROINEX-STEINS

⑪

Musée d'Art et d'Histoire
Rue Charles-Galland 2
• Bus 36, Haltestelle Saint-Antoine

Eines der Genfer Rätsel

Der im Museum für Kunst und Geschichte befindliche „Frauenstein" ist ein Findling mit vier eingravierten weiblichen Figuren. Generationen von Forschern konnten das Geheimnis dieses Überbleibsels einer antiken Kultstätte nicht enträtseln.

Es wird angenommen, dass der Stein zum ersten Mal gegen Ende der Jungsteinzeit und bis in die Römerzeit, in der auch die Gravur entstand, verwendet wurde. Anfangs handelte es sich um eine Ansammlung mehrerer Steinblöcke, der Gesamtkomplex wurde während der Bronzezeit vermutlich in ein Hügelgrab umgewandelt. Die Stätte wurde 1819 vom Franzosen Eusèbe Salverte wiederentdeckt. Das im Dorf Troinex gelegene Hügelgrab wurde vom Frauenstein dominiert, bis man diesen 1872 zum Parc des Bastions brachte. 1877 wurde der Tumulus dem Erdboden gleichgemacht, um einen Straßenverlauf zu korrigieren. Dabei wurden vier rätselhafte Gräber entdeckt, von denen drei jeweils zwei vollständige Skelette enthielten, das vierte jedoch nur eines. Die Anordnung der Überreste schuf mehrere Legenden, von denen eine behauptet, dass ein mächtiger Adliger jede seiner aufeinanderfolgenden Frauen verstieß und sie hier begraben ließ, wobei der Körper im vierten Grab der des Adligen selbst war.

Eine weitere Überraschung bot die Entdeckung von zerschmetterten Schädeln (und nur die Schädel) je zweier Männer und Frauen am Boden des Grabes. Weisen diese Überreste, die ungefähr aus dem Jahr 800 v. Chr. stammen, auf Menschenopfer hin?

Der „Frauenstein" ist im Innenhof des Museums für Kunst und Geschichte ausgestellt. Die Gemeinde Troinex holte sich zwei weitere Menhire, die Teil des Ensembles waren, zurück und stellte sie 1999 vor das Rathaus – zusammen mit einer sehr getreuen Nachahmung des Frauensteins aus Kunststoff.

EINE STELE ZUR EHRE DES GOTTES MITHRA ⓬

Museum für Kunst und Geschichte
Rue Charles-Galland 2
• Bus 36, Haltestelle Saint-Antoine

> **Im Jahr 201 dankte der Legionär Firmidus dem Gott Mithra**

Dank eines römischen Legionärs konnte die Existenz eines dem Gott Mithra gewidmeten Kultplatzes unter der heutigen Kathedrale Saint-Pierre nachgewiesen werden. Im Jahr 1752 wurde im Keller ein Stein mit lateinischer Inschrift entdeckt: „Dem unbesiegbaren Gott, dem Geist dieses Ortes. Firmidus Severinus, Soldat der Achten Augusteischen Legion, fromm, treu, beständig, unverwüstlich, nach sechsundzwanzig Jahren Dienst, hat diesen Altar aus freien Stücken und zu Recht so wie ein Gelübde für seine Rettung gewidmet. Errichtet während des Konsulats von Mucianus und Fabianus." Dieser „unbesiegbare Gott" ist kein anderer als Mithra, dessen Anbetung sich im ganzen Reich verbreitete, insbesondere im Militär. Vom „Geist des Ortes" wiederum wird angenommen, dass es sich um eine andere lokale Gottheit handelt (Historiker sind sich darüber uneinig).

Die Achte Augusteische Legion unseres „pensionierten" Legionärs war verantwortlich für die Verteidigung des Rhein. Sie war in Strasbourg stationiert, wo 1911 ein bedeutendes Mithraneum ausgegraben wurde. Die Treue der Legion zu Kaiser Commodus während der Revolte von 185 brachte dieser Einheit die Attribute *pia, fidelis, constans, commode* ein – dieselben

Begriffe wie auf dem in Genf gefundenen Altar.

Der Militärdienst der Legionäre dauerte im Allgemeinen zwanzig Jahre, aber Firmidus verlängerte wahrscheinlich seinen Dienst wegen der Unruhen in den Jahren 193–197, die den Beginn der Herrschaft von Septimius Severus begleiteten. Eine Abordnung der Achten Legion wurde nach Lyon entsandt, was zweifellos erklärt, warum der Veteran Firmidus beschloss, in Genf zu bleiben. Der Altar von Mithra aus dem Jahr 201 stand 1888–1912 auf der Promenade der Bastion. Heute kann man ihn im Museum für Kunst und Geschichte bewundern.

ALS EIN BANKIER „SEINE" STRASSE KAUFTE

Charles Galland, ein leitender „Börsenmakler", wollte nach seinem Tod eine Straße nach sich benennen lassen. Er wohnte in der Rue Toepffer und konnte sich nicht vorstellen, den Platz des berühmten Illustrators einzunehmen. In der Nähe befand sich jedoch die Rue de l'Observatoire (die Straße des Observatoriums, das 1722 vom Astronomen Mallet geschaffen wurde) – vielleicht war hier ein Austausch denkbar …

Galland, der 1901 im Alter von 85 Jahren starb, schloss ein Abkommen mit der Stadtverwaltung. Er vermachte ihr neun Millionen Goldfranken, die sie nach Gutdünken verwenden konnte; im Gegenzug sollte eine Straße nach ihm benannt werden. Solch ein Geschenk konnte der Stadtrat nicht ablehnen, also wurden die Straßenschilder nach einer schnellen Beratung geändert. Gallands Geld wurde für mehrere Bauten verwendet, darunter auch drei Millionen für das Museum für Kunst und Geschichte, das in der nach ihm benannten Straße eine Heimat fand. Der Architekt Marc Camoletti betreute das Projekt, das von 1903 bis 1910 dauerte.

Das imposante Bauwerk schmückt sich mit Säulen, Statuen und über die Fassade verteilten Büsten sowie einer Doppeltreppe.

Und was ist mit dem Observatorium? 1967 wurden Kuppel und Teleskope nach Sauverny an der Grenze zwischen Genf und dem Kanton Waadt verlegt. An seiner Stelle steht heute eine monumentale Skulptur von Henry Moore – Reclining Figure: Arch Leg. (Liegende Figur: Bogenbein) –, wo sich die Schüler des nahen Collège Calvin bei den ersten Sonnenstrahlen auf dem Rasen verteilen.

MITHRAISMUS – EINE FASZINIERENDE ALTE RELIGION FÜR EINGEWEIHTE

Mithraismus ist ein religiöser Kult um Mithra, einen Gott iranischen Ursprungs. Aus einem Stein geboren, kam Mithra nackt in die Welt, trug Messer, Fackel und eine phrygische Mütze. Nachdem er die Sonne besiegt hatte, unterzeichnete er einen Pakt mit seinem früheren Feind und nahm dessen strahlende Krone, die sein Merkmal wurde. Unermüdlich auf der Jagd nach dem Bösen, nahm Mithra mit Hilfe seines Hundes einen Bullen gefangen – das Symbol der ungestümen, tierischen Kräfte, die zu meistern man lernen muss – und tötete ihn. Das Bullenmark brachte auf wundersame Weise Weizen hervor, und aus seinem Blut sprossen Weinreben – als ob der Tod notwendig sei, damit das Leben beginnen kann. Ahriman, der Gott des Bösen, gab sich jedoch nicht geschlagen: Er schickte einen Skorpion und eine Schlange, aber vergebens. Mithra und die Sonne feierten ihren Sieg mit einer Agape ("Liebesmahl"), ein Begriff, der sich immer noch in einigen Sprachen findet.

Die Verehrung Mithras fand hauptsächlich in Kellern und Höhlen statt. Nicht aus Gründen der Dunkelheit, wie einige Kritiker behaupten, sondern weil Höhlen den Kosmos symbolisierten, in den man während der Zeremonien einzutauchen versuchte. Mithra wurde von zwei Fackelträgern – Cautes und Cautopates – flankiert, mit denen er eine Triade bildete. Cautes trug eine brennende Fackel, die den Tag darstellte, Cautopates eine erloschene Fackel, die auf den Boden gerichtet war und die Nacht symbolisierte. In diesen beiden Figuren spiegelte sich Mithra ebenfalls wider.

Die Vorstellung der Seelenreise durch den Kosmos ist von zentraler Bedeutung. Man entwickelt sich auf diesem Weg in sieben Phasen, verbunden mit den sieben Planeten, den sieben Tagen der Woche, sieben Metallen und den sieben Stimmungen der Seele, aus denen man sich schrittweise lösen sollte.

Anbetung war eindeutig ein Weg voranzukommen und sich allmählich von Leidenschaften zu befreien. Das Festmahl oder die Agape, auf Brot und Wein basierend, erinnert deutlich an die Eucharistie, und die Opferung des Stieres, aus dem das Leben geboren wurde, erinnert stark an die Kreuzigung und Auferstehung Christi.

Der Mithraskult, der sich seit dem 1. Jh. v. Chr. im Westen verbreitete, erreichte im 3. Jh. n. Chr. seinen Höhepunkt, bevor das Christentum ihn ersetzte.

WEIHNACHTEN VERDANKT DEN 25. DEZEMBER DER WINTERSONNENWENDE UND DEM MITHRAISMUS

Entgegen der landläufigen Meinung steht in keinem christlichen Text, dass Jesus in der Nacht des 24. Dezember geboren wurde. Im Jahr 354 setzte Papst Liberius den 25. Dezember als offiziellen Termin für Weihnachten fest, um die heidnisch-römischen Religionen und insbesondere den Mithraismus zu bekämpfen, der die Geburt Mithras am 25. Dezember, dem Datum der Wintersonnenwende feierte (diese fand nicht an einem bestimmten Tag statt und fiel also nicht immer auf den uns bekannten 21. Dezember – zumindest nicht vor der Reform des gregorianischen Kalenders – im übrigen einer der Gründe, warum der Kalender entstand).

Mit der Übernahme dieses Datums durch die Kirche hat sich überdies eine schöne Symbolik ergeben: Wenn die Tage am kürzesten sind und die Nacht alles beherrscht, ist die Geburt Christi ein eindrucksvolles Bild dafür, dass der Tag wieder anbricht, und das Licht endlich die Dunkelheit verjagt und die Auferstehung ankündigt. Vor diesem Datum feierten die Christen am 6. Januar, dem Tag der Heiligen Drei Könige, die Geburt Christi. Nur die armenisch-apostolische Kirche behielt ihn als Weihnachtstag bei. Die orthodoxen Kirchen, die Weihnachten an einem anderen Datum als dem 25. Dezember feiern, tun dies aber tatsächlich am selben Tag (25. Dezember), doch nach dem julianischen Kalender, der das Datum verschiebt. Beachten Sie auch, dass Jesus gemäß der Überlieferung nicht im Jahr 0 geboren wurde, sondern im Jahr 5 oder 7 v. Chr ...

DAS LIEBESNEST VON FRANZ LISZT UND MARIE D'AGOULT

13

Place Franz-Liszt
Bus 36, Haltestelle Franz-Liszt

Erinnerungen an ein skandalöses Paar

An der Fassade dieses schönen Eckgebäudes zeigt eine rosa Marmorplatte das Profil des Komponisten und die folgende Inschrift: „Der ungarische Meister Franz Liszt lebte von 1835 bis 1836 in diesem Haus". Die Zeit, die er hier mit seiner Geliebten, Gräfin Marie d'Agoult, verbrachte, war kurz, aber lang genug, um eine Gedenktafel anbringen zu lassen und den Platz nach dem Pianisten zu benennen. Die Gräfin hatte ihren Mann und ihre Kinder sowie ihren spektakulären Pariser Lebensstil verlassen, um dem gutaussehenden Franz zu folgen. Sie war 29 und der Pianist 23 Jahre alt. In Genf bezogen sie das Haus an der Kreuzung der Rues Tabazan, Beauregard und Étienne-Dumont am Ende der Promenade Saint-Antoine. Die High Society verschloss sich dem skandalösen Paar; einer der wenigen Genfer Freunde war der junge James Fazy, der sogar so weit ging, falsche Angaben im Standesamt zu unterschreiben, als 1835 das erste Kind der beiden, Blandine, zur Welt kam. Marie d'Agoult war stolz auf ihre Schreibkünste, aber zu jener Zeit musste eine Frau unter einem männlichen Namen schreiben, wenn sie einen Verleger finden wollte. Unter dem Pseudonym Daniel Stern entstand ein sehr ernstes Werk: *Geschichte der Revolution von 1848*. Ihre Freundin, George Sand, die eigentlich den schönen Namen Aurore trug, musste sich der gleichen Realität beugen. George Sand leistete dem Paar in Genf Gesellschaft. Franz Liszt unterrichtete nur ein paar Stunden am Konservatorium, also lebten sie nicht im Luxus. Es wurde dringend ein Verehrer gesucht für George Sand, die die Genfer Society schockierte, indem sie sich wie ein Mann kleidete und in der Öffentlichkeit Zigarren rauchte. Die Bemühungen von Major Pictet, Sohn des berühmten Charles Pictet de Rochemont, wurden nicht belohnt: Nach einem Ausflug des Quartetts zum Mont-Blanc wurde er von der Romanschriftstellerin in ihrem *Dixième lettre d'un voyageur* („Zehnter Brief eines Reisenden") lächerlich gemacht.

Nachdem sie Genf wieder verlassen hatten, kühlte Marie d'Agoults und Liszts Liebschaft ab und wurde 1846 offiziell beendet.

Liszt und die Gräfin hatten drei Kinder, darunter Cosima, die neunundzwanzig Jahre später nach Genf zurückkehrte. Nach ihrer ersten Ehe lebte sie mit Richard Wagner in der Schweiz, den sie schließlich heiratete. Als Wagner starb, kontrollierte Cosima als unerbittliche Erbin aufmerksam die Tantiemen des verstorbenen Komponisten. In Musikerkreisen aufgewachsen, kannte sie sich aus!

DAS LADENSCHILD
DES GRAUSAMEN TABAZAN

(14)

Rue Tabazan 9
• Bus 36, Haltestelle Franz-Liszt

> **Die Adresse
> des letzten Genfer
> Henkers**

Das Ladenschild in der Rue Tabazan Nr. 9 zeigt einen Henker mit Kapuze und großem Schwert. Zwar nicht hier, aber in Nr. 6 lebte François Tabazan (1534–1624), Nachkomme einer „Henker-Dynastie" (einem Sohn aus einer solchen Familie war jeder andere Beruf verwehrt). Der Grund für das irreführende Schild: Der frühere Hausherr von Nr. 9 hatte Wert darauf gelegt, den berühmten Nachbarn an seiner Fassade zu zeigen – man wurde offensichtlich dafür beneidet, in der Straße des Henkers zu wohnen. Als großer Folterexperte kannte sich Tabazan jedenfalls aus mit Wippgalgen, Schnürstiefeln und Beil sowie der Knöchelfolter. Ebenso beherrschte er meisterlich das Rädern auf der Place du Molard.

Seinen Ruhm erlangte er am Tag nach der Escalade von 1602, in der Nacht des 11. Dezember (nach dem julianischen Kalender). Nachdem Herzog Charles-Emmanuels Savoyarden energisch zurückgedrängt worden waren, musste Tabazan 13 oder 14 berühmte Gefangene hängen, bevor er sie köpfte. Er enthauptete anschließend den Befehlshaber von 54 Angreifern, die im Kampf gefallen waren. Die Schädel wurden aufgespießt und sechs Monate lang öffentlich ausgestellt.

Es war üblich, dass der Scharfrichter die Kleidung seiner Folteropfer sammelte und sie weiterverkaufte, sodass das Elend eines Mannes einem anderen Reichtum bescherte. Die Vergütung für eine Enthauptung betrug bescheidene

10 Silberstücke (einige hundert Schweizer Franken) und es gab nur unregelmäßig Arbeit. Die Tabazan-Familie wurde 1490 Teil des Genfer Bürgertums. Sie waren somit „echte" Genfer, auch wenn auf der Gedenktafel steht, dass die Vorfahren des Scharfrichters Savoyarden aus Chilly waren.

RUE CHAUSSE-COQ: EINE ERINNERUNG AN DIE BORDELLE AUS ALTER ZEIT ⓯

• Bus 36, Haltestelle Franz-Liszt

> **Hübsche Mädchen, „passend" für junge Schwänze**

Das Bordellviertel lag ursprünglich nur zwei Schritte von der Kathedrale entfernt. Die Namen der Hauptstraßen waren eindeutig: Rue des Belles-Filles („schöne Mädchen"), Rue Chausse-Con („passende Hure"), Cul-de-sac du Vieux-Bordel („altes Bordell"). Da diese Straßen ihre ursprüngliche Bedeutung verloren hatten (bereits in der Römerzeit erhielt eine den Namen *Carreria Lupanaris*), schämten sich die neuen Bewohner für ihre Adresse, insbesondere die vielen Geistlichen, die in der Gegend lebten.

Die Rue des Belles-Filles wurde auf Veranlassung von Amiel (1821–1881), dem Autor eines umfangreichen, bemerkenswerten Tagebuchs von 17.000 Seiten, umbenannt. Er wohnte in dieser Straße und rechnete in seinen Aufzeichnungen mit diesem „Damengeschäft" ab. Neuer Namensgeber war der verdienstvolle Pastor Étienne Dumont. Die Impasse du Vieux-Bordel wurde nach einem tüchtigen Bürgermeister zur Rue Maurice umbenannt. Er bekleidete während der französischen Besatzung (1801–1814) dieses Amt.

Nur die Rue Chausse-Con war noch übrig. Sie wurde scheinheilig in Rue Chausse-Coq („passender Schwanz") umgetauft. Über den Ursprung dieses ziemlich deftigen Namens wurde häufig gestritten. Laut einigen Historikern arbeiteten die „Schwänze" (junge Libertins (Wüstlinge), wie sie im Mittelalter genannt wurden) günstigerweise bei den Schuhmachern in der Gegend und lebten dafür in den benachbarten Bordellen auf großem Fuß.

Zu jener Zeit waren diese Vergnügungsstätten perfekt organisiert: Der Rat ernannte die „Königin des Harems", eine Frau, die alles unter Kontrolle zu halten hatte. Diese „soziale" Struktur verschwand um 1535.

Im Jahr 1998 versuchten mehrere Gemeinderäte, diesen Straßen ihre alten Namen zurückzugeben, insbesondere „Belles-Filles", denn sie wollten den strengen „Étienne Dumont" loswerden. Der Antrag wurde heftig debattiert, aber letztlich abgelehnt.

GONDEBAUD
ROI DES BURGONDES
v. 480 - 516

PAR ROGER FERRIER
(1957)

DIE GUNDOBAD-STATUE AM BOURG-DE-FOUR **⑯**

Place du Bourg-de-Four 5-7
Bus 36, Haltestelle Bourg-de-Four

> *Die Nische des burgundischen Königs*

In einer Nische an der Mauer des Place du Bourg-de-Four thront eine mehrfarbige Statue des burgundischen Königs Gundobad, mit freundlichem Bartgesicht und einem Schwert zwischen den Beinen. Lassen Sie sich nicht täuschen: Dieser Monarch kam dank einer Reihe klug geplanter Familienmorde auf den Thron.

Der Bildhauer Roger Ferrier, der hier 1957 die Statue aufstellte, hätte vermutlich seinen Bruder Godegisel, König von Genf im Jahr 490, bevorzugt, aber Gundobad ließ ihn ermorden, nachdem er die Stadt 500 in Brand gesetzt hatte. Es war nicht sein erstes Verbrechen: Ein paar Jahre zuvor hatte Gundobad einen weiteren Bruder (Chilperich) getötet, zusammen mit dessen Frau und deren Söhnen. Er verschonte die beiden Töchter Crona und Chrodechild, indem er sie adoptierte, da sie als Königstöchter immer als Unterpfand für einen Handel oder zur Stärkung von Bündnissen dienen konnten.

Die beiden Schwestern, die die christliche Religion angenommen hatten, während die Burgunder Arianer waren, wuchsen in Genf in der

Burg von Bourg-de-Four auf. Chlodwig, der König der Franken, der auch plante, die Burgunder kaltzustellen und seine starken Bindungen an die Kirche voranzutreiben, wählte Chrodechild als seine Frau. Gundobad zögerte, stimmte aber schließlich zu. Bischof Remi traute das Brautpaar 493 in Soissons.

Es ist bedauerlich, dass es keine eigene Statue der schönen und frommen Chrodechild in Bourg-de-Four gibt. Sie hätte es verdient: Nachdem sie Chlodwig bekehrt hatte, war die Christianisierung Westeuropas vor allem ihr zu verdanken und führte zu ihrer Heiligsprechung (ca. 511) durch Papst Pelagius II.

Chrodechild und ihre Schwester Crona ließen in Genf die St.-Victor-Kirche errichten. Die Burg von Bourg-de-Four entstand im 5. Jh. auf den Ruinen einer römischen Festung, wurde jedoch zerstört. Im Laufe der Jahrhunderte dienten die Fundamente bis zum heutigen Tag als Basis für eine lange Reihe von Festungen und Gebäuden – und das bis heute.

DIE BANNER DER CLEMENTINE-STATUE **⓱**

Place du Bourg-de-Four 17
• Bus 36, Haltestelle Bourg-de-Four

> ## Die Statue,
> ## die Ungerechtigkeit
> ## anprangert

Die anmutige Statue auf der Place du Bourg-de-Four, eine Arbeit des Bildhauers Heinz Schwarz, kleidet sich ganzjährig mit Proklamationen, Forderungen und Denunziationen. Ihr schlanker Körper vertritt unwissentlich alle möglichen Streitfälle.

Clementine, wie die Statue offiziell genannt wird, ist gewöhnlich mit Transparenten, fotokopierten Zeitungsartikeln und Postern bedeckt und somit niemals völlig nackt. Zu ihren Füßen brennen oft Kerzen. Sie wird geliebt, bewacht, und ihre Protestzettel werden ständig erneuert. Dieses magere Mädchen bietet den Passanten eine kleine Lektüre und bringt sie dazu, gegen alle Ungerechtigkeiten der Welt im Allgemeinen und einige Bezirke von Genf im Besonderen zu revoltieren. Wenn der Künstler die Bronzestatue noch einmal schaffen würde, dann sicherlich mit erhobener Faust.

Woher kommt Clementines seltsame Berufung? Die Statue, die 1974 vom Fonds für zeitgenössische Kunst der Stadt Genf in Auftrag gegeben wurde, war sieben Jahre lang die melancholische Gefährtin von Spatzen und Tauben. Ihr Schicksal änderte sich am 24. Februar 1981.

An diesem Tag lief Geneviève Piret, Gründerin des Vereins „Terre des femmes et Terre des enfants" (Land der Frauen und Land der Kinder) an der Statue vorbei. Sie kam gerade von Yolandes Begräbnis, die im Viertel Bourg-de-Four gewohnt und als Prostituierte gearbeitet hatte. Gebrochen von den Hindernissen, die es nicht zuließen, dass sie ihr Leben änderte, hatte „Yoyo" Selbstmord begangen. Geneviève Piret hinterließ daher eine starke Protestbekundung auf der Statue, zusammen mit einigen Blumen zum Andenken an Yoyo.

Sie hatte keine Ahnung, dass sich diese Geste künftig wiederholen würde, aus anderen Beweggründen und mit anderen Forderungen, Tag für Tag und Jahr für Jahr, von ihr selbst und weiteren anonymen Protestlern, die ihren alltäglichen Empörungen Ausdruck verleihen wollen.

Natürlich kennen die Genfer die Namen der Leute, die Clementines milde Wutausbrüche füttern. Man kann sie regelmäßig in den Kolumnen der Tageszeitung *Tribune de Genève* oder in den Leserbriefen wiederfinden, wo sie ihrer Empörung in ganz ähnlicher Art und Weise Luft machen.

DER ZYKLUS DER JAHRHUNDERTE IN BOURG-DE-FOUR

Place du Bourg-de-Four
• Bus 36, Haltestelle Bourg-de-Four

> *Zwei Schlösser für einen Platz*

Sechs Straßen führen ins Herz der Altstadt und münden am Place du Bourg-de-Four. Der Ursprung des Namens ist unklar. Manche glauben, es sei ein Begriff der Allobrogen, die diesen Bezirk so nannten, da er außerhalb der Stadtmauern entstand (Borg de Feur bedeutet „Dorf außerhalb"). Für andere ist der Name eine Verfälschung des lateinischen Ausdrucks für *Forum der Burgunder*. Sicher ist, dass auf diesem Platz lange Jahre der Viehmarkt stattfand. Zwei Schlösser grenzten an den Platz. Das der Grafen von Genf lag am Anfang der Rue de l'Hôtel-de-Ville und wurde 1320 zerstört. Eines seiner Tore, das den Zugang zur Altstadt abriegelte, stand noch bis 1840. Genau hier fand auch die Freilassung von zum Tode Verurteilten statt. Der Einzige, der diese Macht innehatte, war der Burgherr des Château Gaillard. Ein Eisenring wurde 1548 auf dem Platz aufgestellt und fast zwei Jahrhunderte lang benutzt. Am Beginn der Rue de l'Hôtel-de-Ville kann man noch einen Teil der massiven Mauer sehen, an die die Schlossmauer angrenzte. Das Haupttor befand sich bei der heutigen Hausnummer 14.

Das andere Schloss gehörte denen von Coudrée, es wurde bis zum 18 Jh. schrittweise abgerissen. Heute steht dort die lutherische Kirche.

ALS NUMMER 1 IN DER GRAND-RUE NOCH NUMMER 237 WAR ...

1782 erhielt Genf ein Hausnummernsystem. Diese Maßnahme war das Ergebnis eines Befehls des Kommandeurs der französischen Truppen, der im Juli 1782 zusammen mit den verbündeten Truppen von Bern und Sardinien eingetroffen war, um der von der Bevölkerung abgesetzten Genfer Aristokratie wieder zur Macht zu verhelfen. Die auf die Gebäude gemalten Zahlen – schwarz auf weißem Grund – folgten einer natürlichen Ordnung entlang der Grenzen der verschiedenen Bezirke, von der Peripherie bis zum Stadtzentrum. So war am linken Ufer die Nr. 1 der Grand-Rue die Nummer 237. Am rechten Ufer befand sich die Nr. 1 an der Place des Vingt-Deux-Cantons und die Nr. 252 an der äußersten Südspitze der Insel. Anfangs wollte die Bevölkerung diese Neuerung nicht akzeptieren und entfernte immer wieder Nummern und Straßennamen. Dafür gab es zwei Gründe: Auf der einen Seite war es eine Form des Widerstandes gegen eine Anordnung der ausländischen Kräfte, auf der anderen Seite empfanden viele Einwohner diese Regelung als unerträglichen Eingriff in ihre Privatsphäre.

Erst 1860 wurde das aktuelle System übernommen, wobei auf jeder Straße gerade und ungerade Nummern verwendet wurden.

Place de la
Taconnerie

DAS STRASSENSCHILD DER PLACE DE LA TACONNERIE

Ecke Rue de l'Hôtel-de-Ville
• Bus 36, Haltestelle Taconnerie

> **Genfs meistfotografiertes Straßenschild?**

Die Place de la Taconnerie bringt viele französisch sprechende Touristen zum Lachen. Ihr Straßenschild, unter dem die Leute manchmal mit spaßigem Hintergedanken ihre Schwiegermutter für ein Foto posieren lassen, ist eines der meistfotografierten in Genf.

Doch Vorsicht: Taconnerie ist keineswegs eine Verbindung der Worte ta (deine) und connerie (Dummheit)!

Tacon könnte sich entweder auf das Leder der früheren Schuhmacher beziehen, oder es gibt eine Verbindung zur im 6. und 7. Jh. sehr bekannten Familie Tacon.

Die kurze Straße, die jetzt zur Kathedrale St. Peter führt, war einst eine Sackgasse mit Getreidehandel am Ende.

DER ORT DER TURBULENTEN LIEBESAFFÄRE ZWISCHEN EUGÈNE SUE UND EINER ENKELIN LUCIEN BONAPARTES

In der Rue de la Taconnerie Nr. 6 steht eine wunderschöne siebenstöckige Residenz. Hier lebte der Schriftsteller Eugène Sue, der Autor von *Le Juif errant* („Der wandernde Jude"). Von Kaiser Napoleon III. ins Exil geschickt, steckte er in den Schuhen seines berühmten Helden; es fiel ihm aber schwer, sein Schicksal zu akzeptieren. Mit 53 Jahren unterhielt er eine turbulente Liebesbeziehung zur Gräfin von Solms, der 21-jährigen Marie Bonaparte-Wyse, die jedoch kein gutes Ende nahm. 1857 erlag der

Erfinder der Seriengeschichte *Mystères de Paris* („Mysterien von Paris") einer Lebensmittelvergiftung, nachdem er auf Einladung von James Fazy, einem großen Genfer Politiker, an einem Picknick teilgenommen hatte. Da die Gräfin von Solms, Enkelin von Lucien Bonaparte, ihren Geliebten das Leben schwer machte, erhielt sie den Spitznamen „Princesse Brouhaha" und musste auf Befehl ihres kaiserlichen Cousins Paris verlassen. Nach der kurzen Zeit in Genf ging sie nach Italien und heiratete 1860 Premierminister Urbano Ratazzi. Sie betrog ihn sehr bald mit König Emanuel II., den sie ebenfalls mit ihren Exzessen, Launen, Provokationen und anderem Unfug terrorisierte.

WER WAR JEAN DE BROGNY?

Der als intelligent geltende Jean de Brogny kletterte alle Sprossen der Kirchenleiter hinauf. Robert von Genf, ein savoyischer Prälat, der als Clemens VII. der erste Gegenpapst wurde, bat Brogny, sich ihm in Avignon anzuschließen. Mit 37 Jahren veröffentlichte Brogny ein „Brevarium juris", das die maßgebende Arbeit zu diesem Thema wurde. Er bekleidete bald die höchsten Ämter, bevor er 1409 mit dem Gegenpapst Benedikt XIII. (Papa Luna) brach und den päpstlichen Hof von Avignon zum Konzil von Pisa führte, um das Schisma zu beenden. Brogny leitete das Konzil von Konstanz (1414–1418) und war Bischof von Genf (1423–1426) – ohne dort zu leben.

DAS BASRELIEF DES SCHWEINEHÜTERS **⑳**

Außenecke der Makkabäerkapelle
Cathédrale Saint-Pierre
• Bus 36, Haltestelle Cathédrale

Zog der künftige Kardinal Jean de Brogny als Jugendlicher in seinem Heimatdorf Brogny bei Annecy Schweine auf? Die Legende und vermeintliche Beweise scheinen diese nette Geschichte zu bestätigen. Dazu gehört auch die Figur an der Außenfassade der Makkabäerkapelle, die 1405 errichtet

> *Zog Kardinal Jean de Brogny Schweine auf?*

wurde und als Grabstätte für den Kardinal dienen sollte. Die Skulptur stellt einen jungen barfüßigen Mann mit Umhang dar, der zusammen mit zwei Schweinen unter einer Eiche steht. Ein weiteres unklares Beweisstück befindet sich in der Kirche von Jussy. Es handelt sich um ein Chorgestühl mit drei Sitzen, das ebenfalls aus der Makkabäerkapelle stammt. An einer Seitenwand des Gestühls kann man einen Mann mit drei Schweinen unter einer Eiche erkennen.

Der Genfer Historiker Waldemar Deonna widerlegte diese Vermutungen 1924 in einer Studie. Er gab an, dass Jean de Brogny nie Schweinezüchter

oder Bauer gewesen sein konnte, da seine Familie dem savoyischen Adel angehörte. Die Schweine-Anekdote wurde wahrscheinlich Mitte des 17. Jhs. erfunden und ähnelt der von Papst Sixtus V., der während seiner Jugend auch Schweine gehalten haben soll. Um 1660 entstand eine ähnliche Geschichte, in der ein Genfer Schuster einem jungen, mittellosen Mann, der gerade in Genf angekommen war, ein Paar Schuhe schenkte mit den Worten „Du kannst mich dafür bezahlen, wenn du Kardinal bist!" Angeblich wurde sie von der mächtigen Schuhmacherzunft in Umlauf gebracht. Sixtus V. soll dieselbe Großzügigkeit erfahren haben … was für ein Zufall! Vermutlich richtig ist, den Schweinehüter als den verlorenen Sohn des Neuen Testaments zu deuten, der oft als Schweinehüter unter einem Baum dargestellt wird (siehe Foto).

WOHER STAMMT DER NAME „MAKKABÄERKAPELLE"?

Die Makkabäerkapelle erhielt ihren Namen aufgrund einer Schenkung des Grafen Amadeus VIII. von Savoyen, dem späteren Gegenpapst Felix V. Als die Kapelle gebaut wurde, spendete der Graf Reliquien, die angeblich aus der jüdischen Familie von Judas Makkabäus stammten. Sie hatte die griechischen Priester des salomonischen Tempels im Jahre 167 v. Chr. aus Jerusalem vertrieben.

DAS RÄTSEL UM „APOLLOS KOPF"

St.-Peter-Kathedrale
• Bus 36, Haltestelle Cathédrale

> *Ein rätselhaftes, pausbäckiges Gesicht hinter der Kathedrale*

Der Überlieferung, die Kathedrale St. Peter sei über einem antiken Apollo-Tempel erbaut worden, wurde nie viel Gewicht beigemessen. Trotzdem reichte dies, dass daraus eine Legende entstand.

Auf der Rückseite der Kathedrale, in der Nähe der Passage des Degrés-de-Poule, sieht man in zirka 15 m Höhe ein pausbäckiges Gesicht, das „Apollos Kopf" getauft wurde, obwohl es in keiner Weise anderen bekannten Darstellungen des griechischen Gottes ähnelt. Die Überzeugung, es sei Apollo, kam zweifellos von der runden Form der Skulptur, da Apollo auch mit der Sonne in Verbindung gebracht wurde.

Zahlreiche Historiker und Archäologen kamen nach ausgiebigen Untersuchungen zu der Auffassung, dass der Kopf die Morgendämmerung darstellt. Andere sind der Meinung, es handle sich zweifellos um die simple Arbeit eines Bildhauers, von denen es viele Beispiele aus dem Mittelalter gibt; Reparaturarbeiten verstärkten diese Hypothese. Als der rätselhafte Kopf zusammen mit dem Putz herausgenommen wurde, stellten die Arbeiter fest, dass er nicht hier in den Stein gemeißelt worden war, sondern vom Kapitell einer Säule aus dem 12. Jh. stammte und dann – anlässlich des Baus des Midi-Turms – im 13. Jh. hierher gebracht wurde.

ABDRUCK DER CLÉMENCE UNTER DER KATHEDRALE SAINT-PIERRE

Die größte Glocke der Kathedrale (und damit die mit dem tiefsten Klang), die heutige Clémence, wurde 1902 neu gegossen und in den Kirchturm gehievt. Sie trat an die Stelle der beiden vorhergehenden Clémencen, von denen die erste 1407 gegossen wurde, jedoch 1866 zersprang. Die zweite folgte 1867 und brach 1901 erneut.

In der Vergangenheit wurden der Einfachheit halber sehr große Glocken direkt bei der Kirche gegossen. Eine archäologische Ausgrabung unter der St.-Peter-Kathedrale, die die Spuren des Gusses der ersten Clémence enthüllte, löste große Begeisterung aus.

Der im Boden hinterlassene Abdruck maß mehr als 2 m im Durchmesser. Eine Markierung in Form eines sechszackigen Sterns ließ deutlich den Platz der hölzernen Stützen der Form erkennen.

Diese Glocke, die in Hommage an den Gegenpapst Clemens VII. (Robert von Genf) benannt wurde, bestimmte jahrhundertelang den Lebensrhythmus der Stadt. Die aktuelle Clémence wiegt 6238 Kilo und trägt folgende Inschrift: „Zweimal gebrochen, will ich wieder leben und die Kinder der Genfer Kinder an die Stimme der alten Clémence erinnern."

DIE INSCHRIFT GEGEN DEN „RÖMISCHEN ANTICHRISTEN" ㉒

Cathédrale Saint-Pierre
Cour Saint-Pierre 6 und Rue de l'Hôtel-de-Ville 2
• Bus 36, Haltestellen Cathédrale und Hôtel-de-Ville

Als d'Alembert wegen einer antikatholischen Inschrift wütend wurde

Eine an der Wand des nördlichen Seitenschiffs der St.-Peter-Kathedrale eingravierte lateinische Inschrift wird von Kirchgängern weitgehend ignoriert. Sie löste dennoch einen Skandal zur Zeit von Diderot und d'Alembert aus, denn sie vergleicht schlichtweg den Papst mit dem Antichristen!

Der Text kann wie folgt übersetzt werden: „Nachdem die Tyrannei des römischen Antichristen im Jahr 1535 niedergeschlagen und ihr Aberglaube abgeschafft worden war, wurde die unantastbare Religion Christi hier in ihrer Reinheit wiederhergestellt und die Kirche durch Gottes außergewöhnliche Gnade erneuert. Gleichzeitig, da die Stadt ihre Feinde besiegt und verjagt und somit dank eines bemerkenswerten Wunders ihre Freiheit wiedererlangt hatte, haben der Rat und das Volk von Genf beschlossen, diese Inschrift hier eingravieren und errichten zu lassen, damit die Erinnerung niemals stirbt und in den Augen ihrer Nachkommen als Beweis ihrer Dankbarkeit gegenüber Gott dient."

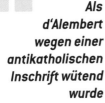

Diese Inschrift, die 1558 auf einer Bronzetafel eingraviert und an der Fassade des Rathauses angebracht wurde, ist auch auf einer Zeichnung des Graveurs Pierre Escuyer (1749–1834) zu sehen. Bei der Restaurierung der Mauern im 17. Jh. erhalten geblieben, erinnert sie daran, dass Genf 1535 die römische Religion verbot. In seinem *Essai sur les mœurs* („Aufsatz über die Moral") fasste Voltaire einen Teil der Inschrift zusammen: „In Erinnerung an die Gnade, die Gott uns gewährte, als wir uns vom Joch des Antichristen befreien, den Aberglauben abschaffen und unsere Freiheit wiedergewinnen konnten."

In der *Encyclopédie* von Diderot und d'Alembert finden sich folgende, von d'Alembert unter dem Artikel „Genf" (1757) verfasste Zeilen: „Zwischen den beiden Türen des Genfer Rathauses ist noch eine lateinische Inschrift zu sehen, die an die Abschaffung der katholischen Religion erinnert. In ihr wird der Papst Antichrist genannt; diese Aussage, die vom Fanatismus für Freiheit und Neuheit in einem noch halb-barbarischen Zeitalter akzeptiert war, scheint heute einer vom philosophischen Geist durchdrungenen Stadt kaum würdig zu sein. Wir wagen zu empfehlen, dass die Genfer dieses beleidigende und vulgäre Monument durch eine ehrlichere, edlere und einfachere Inschrift ersetzen. Für Katholiken ist der Papst das Oberhaupt der wahren Kirche, für vernünftige und gemäßigte Protestanten ist er ein Souverän, den sie als einen Führer respektieren, ohne ihm zu gehorchen, aber in einem Jahrhundert wie dem unseren gibt es niemanden, für den er immer noch den Antichristen darstellt."

1814, als sich Genf auf den Beitritt zur Schweizerischen Eidgenossenschaft, zu der auch katholische Kantone gehörten, vorbereitete, war klar, dass eine solche Inschrift nicht auf der Vorderseite eines offiziellen Gebäudes verbleiben konnte. Sie wurde entfernt und durch eine neue Bronzetafel derselben Größe (noch immer dort) ersetzt. Sie trägt die Namen der 22 Bürger, die die vorläufige Regierung gebildet und am 31. Dezember 1813 die Rückkehr der Republik Genf in die Unabhängigkeit ausgerufen hatten.

Die Inschrift, die den „Antichristen" anprangerte, wurde zuerst in der Sakristei der St.-Peter-Kathedrale aufbewahrt und dann in die Kathedrale selbst verlegt, wo sie auch heute noch zu finden ist.

DIE SYMBOLE AN DEN KAPITELLEN DER KATHEDRALE

㉓

Cathédrale Saint-Pierre
• Bus 36, Haltestelle Cathédrale

> *Ein richtiges Buch aus Stein*

E s ist schade, dass die Kapitelle der Kathedrale so hoch liegen. Besucher müssen somit aus der Ferne ihre Schönheit bewundern oder die Symbole deuten.

Die verblassten Farben beeinträchtigen zusätzlich. Nur geringe Spuren von Zinnober erlaubten es den Spezialisten, die Farbpalette der Polychromie des 15. Jhs. zu rekonstruieren, die sich vom heutigen dumpfen, einheitlichen Grau deutlich unterschied.

Um diese rund 40 Kapitelle in all ihren Details beurteilen zu können, ist es sinnvoll, eines der einschlägigen Bücher in der Kathedrale zu kaufen. Sonst geht man an einem großen Werk vorbei, ohne es entschlüsseln zu können. Eines der außergewöhnlichsten Motive findet sich in mehreren Kapitellen wieder: eine Meerjungfrau mit gespaltener Flosse. Sie symbolisiert das mythische Bild der verlockenden Frau; ein Bild, das auch auf einer Misericordie im St. Gervais Tempel zu sehen ist. Recht gewöhnlich sind die Figuren, die ihre Zunge herausstrecken oder Akanthusblätter ausspucken (Akanthus symbolisiert den Ruhm außergewöhnlicher Männer, zu denen sich auch die Architekten zählen, da sie ihre schwierige Aufgabe meisterten).

Es gibt auch Männer mit den Körpern von Tieren (ein Symbol für den Konflikt des Mannes zwischen seinen niedrigen Instinkten und seiner möglichen spirituellen Erhöhung), Vögel mit weiblichen Köpfen (Harpyien waren unersättliche Monster, die Kinder entführten und die Hölle mit den Seelen der Toten versorgten. Die griechischen Götter ließen sie gewähren, da sie ihre Bosheit dazu nutzten, Sterbliche zu quälen) sowie eine Reihe von realen und mythischen Tieren (Greife, Drachen, Harpyien, Chimären).

Natürlich ist der Teufel auch anwesend. Er wird halbnackt mit einem breiten Oberkörper, Hörnern und einem zweizackigen Bart gezeigt, reitet ein Monster und schaut geradeaus. Nicht weit von ihm schlagen Engel mit schwingenden Kreuzen Drachen nieder – der Himmel ist gut bewacht. In der Tat regiert Christus mit Heiligenschein majestätisch in der Nähe, seine rechte Hand segnend erhoben, seine linke ruhend auf dem Heiligen Buch.

Auch weitere biblische Szenen sind dargestellt: Abraham kurz vor der Opferung seines Sohnes, Daniel in der Löwengrube, Salome tanzend mit ihren Händen an den Hüften und Herodes, wie er den Kopf eines Mannes an den Haaren hält.

DAS ORPHEUS-KAPITELL IN DER KATHEDRALE

Cathédrale Saint-Pierre
• Bus 36, Haltestelle Cathédrale

(24)

> *Eine merkwürdige heidnische Präsenz in Saint-Pierre*

In einer dunklen Kapelle innerhalb der Kathedrale ist auf einer halbhohen Säule (Kapitell 35 IV-14, nach der offiziellen Karte) ein Bildnis des Orpheus zu sehen. Der Name dieser Figur der heidnischen Mythologie wurde auf dem hornförmigen Abakus eingraviert. Seltsamerweise finden sich nirgendwo sonst Angaben für die Figuren, die die meisten anderen Kapitelle schmücken.

Orpheus spielt eine Viola da gamba, während er auf einem niedrigen Stuhl sitzt, ein Bein über sein Knie geschlagen; zwei Adler sitzen auf seinen Schultern. Die Kleidung, das Musikinstrument und die asymmetrische Komposition wurden vom Bildhauer sehr detailgetreu wiedergegeben. Stellen Sie sich das Kunstwerk mit der Pracht der Polychromie aus dem 15. Jh. vor, die diesen Skulpturen mit Rot-, Blau-, Grün- und Goldtönen Leben verlieh.

Im 6. Jh. v. Chr. entstand aus dem Orpheus-Mythos eine Religion, die auf dem Glauben an die Unsterblichkeit der Seele und den Zyklus von Reinkarnationen gründet, der zu einer endgültigen Reinigung führt. Diese Religion wird manchmal als Übergang vom Heidentum zum Christentum betrachtet, da Orpheus sogar von den ersten Christen als eine Art Prophet verehrt wurde. Ist der Monolith aufgrund dieser Interpretation auf dem Kapitell der Kathedrale zu finden?

DER ORPHEUS-MYTHOS

Orpheus hatte eine Leier mit sieben Saiten erhalten, zu der er zwei weitere Saiten in Erinnerung an die neun Musen – die Schwestern seiner Mutter Calliope – hinzufügte. Er verzauberte Männer und wilde Tiere mit seinem Lied, gab unbelebten Objekten eine Seele und erfreute die Götter. Dieses Geschenk erwies sich als nützlich, als er auf der Suche nach seiner Frau Eurydike in die Hölle hinabstieg. Milde gestimmt, erlaubten Cerberus und die Furien dem Paar zu gehen, jedoch unter einer Bedingung: Orpheus durfte Eurydike nicht ansehen, bevor er das dunkle Königreich verlassen hatte. Doch wir wissen, dass Orpheus nicht anders konnte … Nachdem er die Frauen nach dieser Quälerei aufgegeben hatte, starb er – zerrissen von den Mänaden, den weiblichen Anhängern des Dionysos, die sein Desinteresse reizte. Sein Kopf, der in den Hebrus geworfen wurde, trieb nach Lesbos. Auf Bitte von Apollo und den Musen, die die sterblichen Überreste des armen Orpheus einsammelten und am Fuße des Olymp vergruben, fügte Zeus Orpheus' Leier zu den Sternbildern hinzu.

DIE VERSTECKTE SYMBOLIK IM MYTHOS VON ORPHEUS

Die griechische Mythologie steckt voller Symbolik in Bezug auf die Geistesarbeit, die der Mensch tun muss, um seine Triebe zu bekämpfen und eine höhere Ebene der Spiritualität zu erreichen. Von den mythologischen Figuren (siehe nächste Seite) ist Orpheus eine der wichtigsten. Er wendet sich vom Weg der Spiritualität ab, um sich weltlichen Vergnügungen zu widmen. Er repräsentiert den tief verborgenen Wunsch aller Menschen, ihrem körperlichen Verlangen nachzugeben. Als Orpheus' Ehefrau Eurydike von einer Schlange gebissen wird, stirbt und in die Unterwelt hinabsteigt, macht Orpheus sich auf die Suche nach ihr. Nachdem er Cerberus — den dreiköpfigen Hund, der den Eingang bewacht — mit seiner betörenden Musik in Schlaf versetzt, wendet er sich an König Hades. Der König lässt sich erweichen und erlaubt Orpheus, mit seiner geliebten Eurydike aus der Unterwelt aufzusteigen — aber nur unter der Bedingung, dass sie hinter ihm hergeht und er nicht zurückblickt oder spricht, bis sie wieder unter den Lebenden sind. Als er im Begriff ist, die Unterwelt zu verlassen, hört Orpheus die Schritte seiner Geliebten nicht. Er dreht sich, ungeduldig und in der Furcht, sie verloren zu haben, um und verliert somit Eurydike für immer. Dieser berühmte Mythos enthält eine außergewöhnliche Botschaft: Orpheus' Liebe zu Eurydike (ein allgemeines Symbol für spirituelle Erhebung) symbolisiert die edle Seite seines Charakters. Eurydikes Tod durch den Schlangenbiss stellt andererseits den Untergang der edlen Gesinnung dar — den Tod von Orpheus' Seele. Die Schlange verkörpert die Eitelkeit — eine verbreitete Eigenschaft unter Künstlern wie dem Musiker Orpheus —, die ihn glauben lässt, dass die weltlichen Freuden nur ihm zustehen. Aus Angst, diese Vergnügungen zu verpassen, wenn er seine ganze Liebe einer Frau (Eurydike) widmen würde, kann Orpheus auf sein vielfältiges Verlangen nicht verzichten. Doch sein Abstieg in die Unterwelt ist ein symbolisches Eintauchen in sein Unterbewusstsein.

Mit der von Apollo zum Geschenk erhaltenen Lyra kann Orpheus zusammen mit seinem feinsinnigen Gesang (ein Symbol der spirituellen Elevation) selbst Ungeheuer besänftigen. Hier verzaubert Orpheus den Dämonen Cerberus, anstatt ihn zu töten, was einen Sieg über sich selbst und seine Triebe symbolisieren würde. So aber wird das Schmeicheln der niederen Instinkte symbolisiert, wobei jeder Kopf des Hundes einem existenziellen, aber lasterhaften Trieb entspricht: Eitelkeit, Ausschweifung und Herrschsucht. Er gibt also seinen Schwächen nach, anstatt endgültig nach einer höheren spirituellen Ebene zu streben. Trotz allem — als Orpheus auf Hades trifft, bereut er seine Taten, was Hades dazu bewegt, ihm eine zweite Chance zu geben. Im übertragenen Sinn ist es ihm nicht erlaubt, darüber zu klagen, die Verlockungen der Welt hinter sich lassen zu müssen, die zur Trennung von Eurydike führten. Doch Orpheus gibt der Versuchung nach und Eurydike verschwindet für immer. Orpheus bereut seine sexuellen und materiellen Ausschweifungen in der Vergangenheit; sie werden ihn jedoch für immer begleiten. Zügellosigkeit, grenzenlose Leidenschaft — weit entfernt von Befreiung —, ist in Wirklichkeit nichts weiter als eine andere Art der Versklavung, eine zwanghafte Abhängigkeit von der Urkraft des Verlangens.

WELCHER TIEFERE SINN VERBIRGT SICH IN DEN GRIECHISCHEN MYTHEN?

Wie Paul Diel in seinem Buch „*Le Symbolisme dans la mythologie grecque*" so brillant erklärt, sind die griechischen Mythen weit davon entfernt, nur fantastische Abenteuergeschichten zu sein, sondern bilden einen außergewöhnlichen Gesamtkomplex von Werken, die metaphorisch den Kampf des Menschen gegen seine natürlichen Triebe beschreiben: Hochmut (Eitelkeit), Wolllust und Herrschsucht. Sie vermitteln eine außergewöhnliche Botschaft, die den Menschen über das Wesen seiner Psyche und seinen Weg zur spirituellen Erleuchtung aufklärt.

In den Mythen trifft jeder Held auf Dämonen – dies symbolisiert den Menschen, der den Mut hat, sich seinem inneren Kampf zu stellen. Die Dämonen stehen für verschiedene Triebe, die den Helden hinunterziehen und davon abhalten, eine essenzielle Befriedigung zu erlangen – Freude. Die Vielzahl von Göttern und Ungeheuern steht für unterschiedliche psychische Stärken und Schwächen des Menschen. Griechische Mythen beziehen sich also im Wesentlichen auf den Kampf des Menschenhelden gegen die Dämonen, dem Symbol seiner materiellen Triebe.

Genauer gesagt ist dieser Kampf in Wirklichkeit jener des Menschen gegen sein eigenes Verlangen. Wie kann er die Balance finden, seine Wünsche nicht sofort zu befriedigen, sie aber auch nicht unterdrücken zu müssen? Wie kann es ihm gelingen, sie auf dem Weg zur spirituellen Erleuchtung als sublimierendes Instrument zu nutzen? Das kontrollierte Verlangen ist tatsächlich ein wirksames Instrument auf diesem Weg, um sich von der zwanghaften und quälenden Gier nach Vergnügen zu befreien.

In den griechischen Mythen finden sich wiederkehrende Elemente:

Erde (Felsen, Steine, Kiesel …) steht für irdisches Verlangen mit zwei Möglichkeiten: Es kann entweder sublimiert werden oder ihm wird auf dem Weg des moralischen Fehlverhaltens systematisch nachgegeben.

Wasser ist ein Symbol für die Reinigung und Spiritualisierung des Menschen (z. B. die Flut). Stehendes oder schlammiges Wasser, also mit Erde vermischt, symbolisiert die Verführung der Seele.

Kaltes oder gefrorenes Wasser bedeutet einen Mangel an Wärme im Herzen, fehlende Liebe, eine leblose Seele.

Eine zum Himmel aufsteigende Flamme symbolisiert Bewegung in Richtung Spiritualität.

Verzehrendes Feuer bedeutet, obsessiven Leidenschaften nachzugeben.

Die Schlange ist eine Metapher für die Verführung des Geistes, extreme Eitelkeit und die Weigerung, Schuld zu akzeptieren. Wegen ihrer Stärke symbolisieren Löwe oder Stier die Herrschsucht. Ziegenbock und Schwein, beides unreine Tiere, symbolisieren sexuelle Perversion.

Das Hinzufügen von Flügeln drückt Erhabenheit aus – als ob der Heros den Dämon tötet.

DIE MISERICORDIEN DER KATHEDRALE

Cathédrale Saint-Pierre
1. Juni–30. Sept.: Mo–Sa 9:30–18:30, So 12:00–18:30
1. Okt.–31. Mai: Mo–Sa 10:00–17:30, So 12:00–17:30
Bus 36, Haltestelle Cathédrale

So manch provokante Skulptur

Die Kathedrale besitzt zweiunddreißig Misericordien: Zwei Reihen mit je elf befinden sich an den Sitzen des oberen und unteren Chorgestühls im südlichen Seitenschiff, die anderen zehn an den unteren Sitzen im Altarraum; wir konzentrieren uns auf die originellsten oder provokantesten.

Die erste der oberen Misericordien zeigt einen hockenden Mann, der seine Notdurft verrichtet. Dieses skatologische Thema wird nicht selten in Kathedralen verwendet und kann oft in anderen sakralen Gebäuden in Europa und in Stichen des 15. und 16. Jhs. gefunden werden. Vielleicht war es ein Wunsch, der etablierten Ordnung zu trotzen?

Zweite Misericordie: Ein Würstchen fressender Hund. Dieses Thema, das in der Reihe der unteren Sitze in Form eines Hundes zu finden ist, der an einem Knochen kaut, repräsentiert angeblich Neid – eine der sieben Todsünden.

Achte Misericordie: Die Schildkröte stellt häufig Gier dar – wie die Schnecke –, wird aber auch als mageres Fleisch gesehen, das Katholiken am Freitag essen durften.

Elfte Misericordie: Ein nach vorne gebeugter Mann verhüllt seinen Kopf mit einer großen Kapuze – ein Symbol für eine Person, die sich blind stellt?

Erste Misericordie der unteren Sitze: ein Grimassen schneidender Mann mit

eng anliegender Kappe, das verzerrte Gesicht könnte den Irrsinn illustrieren; dies war ein beliebtes Thema in Bezug auf die Manifestation des Teufels.

Neunte Misericordie: ein Krebs, der oft das Sternzeichen des Krebses auf mittelalterlichen Kalendern darstellte.

Im Altargestühl repräsentieren acht der zehn Misericordien Tiere. So gibt es einen Löwen, der ein Lamm verschlingt (mittelalterliche Künstler nutzten gerne Fabeln und Sprichwörter für ihre Arbeiten), einen angeketteten Bären (Symbol der Wut), einen Drachen mit Schwimmhäuten, eine Katze, die einer Maus auflauert, und einen Frosch...

EIGENTÜMLICHE MOTIVE UNTER DEN SITZEN DER DOMHERREN

Misericordien sind auf der Unterseite der Klappsitze des Chorgestühls angebrachte Stützen, an die sich die Mönche bei längerem Stehen anlehnen konnten. Die beigefügten Schnitzereien befanden sich demnach unterm Gesäß der Würdenträger und konnten deshalb keine heiligen Themen aufgreifen. So nutzten die Kunsttischler des Mittelalters diese künstlerische Freiheit mit großer Freude!

Sowohl in der Kathedrale von Saint-Pierre als auch in der Kirche von Saint-Gervais – wie auch in anderen Gotteshäusern des Herzogtums Savoyen – sind die Misericordien ein Wirrwarr profaner Motive, oft erotisch oder geradezu vulgär.

So gibt es Teufel, Menschen mit Tierohren, Grimassen schneidende Verrückte und Darstellungen von Bestien, aber auch Unanständiges, Szenen der Lust und Menschen in obszönen Positionen.

Viele der Misericordien, vielleicht die ärgsten, sind verschwunden oder wurden beschädigt – die Reformation wollte zweifellos Ordnung schaffen. Es ist auch wahrscheinlich, dass die provokantesten von Sammlern einfach entfernt wurden.

Jene, die in Saint-Pierre und Saint-Gervais übrig sind – oft aus Wut heraus entstanden (auf männliche Attribute hatte man es vor allem abgesehen) – erlauben es, sich die profanen Fantasien vorzustellen, die sich unter das Chorgestühl im Genf des 15. Jhs. schlichen.

DIE SIBYLLE IM CHORGESTÜHL DER KATHEDRALE

26

Cathédrale Saint-Pierre
Bus 36, Haltestelle Cathédrale

> *Eine Sibylle oder heidnische Wahrsagerin, in St. Peter verehrt*

Was macht eine Frau, eine heidnische Seherin, unter den Propheten und Heiligen von Saint-Pierre? Sibylle von Eritrea ist die letzte einer Reihe großer, in Nussbaum geschnitzter Figuren, die das Chorgestühl dominierten. Von der Christenheit verehrt, wurden sie gemäß einer Glaubensdoktrin in bestimmter Reihenfolge gruppiert. So folgen nacheinander der Prophet und König David, der heilige Andreas, der Prophet Jesaja, der heilige Jakobus der Ältere, der Prophet Zacharias, der heilige Evangelist Johannes, der Prophet Hosea, der heilige Thomas, der Prophet Amos und der heilige Jakobus der Jüngere. Sibylle ist die elfte Figur. Ursprünglich standen der Prophet Jeremia und der heilige Petrus am Anfang der Reihe, aber ihre Gestühle verschwanden im 17. Jh.

Die Sibylle von Eritrea war jedoch nicht die einzige in St. Peter. Bis Mitte des 18. Jhs. gab es eine zweite Gestühlreihe, abwechselnd mit zehn Propheten und Heiligen. Sibylle von Tibur (jetzt Tivoli, wo ihr Tempel noch steht; sie schlug angeblich Christus während der Passion) stand wiederum am Ende der Reihe.

Diese Verehrung der antiken Sibyllen verwundert die Besucher. Sie waren jedoch Teil einer langen, christlichen Tradition: Ihre *Sibyllinischen Bücher* wurden zuerst vom Judentum, dann vom Christentum aufgenommen und dazu benutzt, die Bekehrung der Heiden zum Monotheismus zu vereinfachen.

Die Sibylle der Kathedrale Saint-Pierre hält dem Betrachter ihr Orakelbuch entgegen; vier Nägel halten die Seiten offen. Vermutlich existierte auch ein Text – zweifellos ein Akrostichon – aber die Zeit hat ihn ausradiert. Laut des griechischen Bischofs Eusebius hatte die eritreische Sibylle die Geburt Christi vorausgesagt, indem sie die Buchstaben, die seinen Namen bildeten, an den Anfang der Verszeilen, in die sie ihre Vorhersagen fasste, platzierte: JESUS CHRISTUS SERVATOR CRUX.

Das prächtige Chorgestühl von St. Peter faszinierte Kunsthistoriker von jeher. Am Ende des 20. Jhs. gab es immer noch Diskussionen darüber, ob es für die Kathedrale gebaut oder für eine andere Genfer Kirche bestellt und erst nach der Reformation nach St. Peter gebracht wurde. Die von der Genferin Corinne Charles im Jahr 1999 veröffentlichte These bevorzugt die erste Variante.

SIBYLLEN: PROPHETINNEN CHRISTI?

Sibyllen sind die Wahrsagerinnen der Antike, die von Kybele, der Muttergöttin, beauftragt wurden, ihre Prophezeiungen über *Orakel* und *Sibyllinische Bücher* an die Mächtigen zu übermitteln. Letztere sind in einer rätselhaften Sprache geschriebene Texte, die zahlreiche Interpretationen erlaubten, die sie somit vor jeglicher zukünftiger inhaltlicher Diskussion schützten.

Da sie mit dem Göttlichen kommunizierten, wurden Sibyllen wie Propheten oft als Symbol der Offenbarung betrachtet. Wie die *Sibyllinischen Bücher*, die an die Römer verkauft wurden (siehe unten), zirkulierten seit dem 3. Jh. v. Chr. zwölf Bücher im gesamten Mittelmeerraum, bekannt als die *Sibyllinischen Orakel*. Einige sind bis heute erhalten, dank Kopien aus dem 15. und 16. Jh. Laut der römisch-katholischen Kirche prophezeiten die Sibyllen angeblich die Ankunft des Messias und im 8. Buch soll die eritreische Sibylle das zweite Kommen Christi am Jüngsten Tag angekündigt haben.

Im 15. Jh. half der Dominikanermönch Filippo Barbieri, diese Bücher in ganz Europa zu verbreiten. Von da an waren Sibyllen in der westlichen religiösen Kunst reichlich vertreten. Sie wurden häufig den zwölf Propheten des Alten Testaments gegenübergestellt, wie in der Sixtinischen Kapelle in Rom. Die Kühnheit, diese alten heidnischen Gottheiten, als welche die Sibyllen gesehen wurden, mit der Offenbarung zu verbinden, die den Propheten zuteil wurde, veranschaulicht ihre Vereinnahmung durch die katholische Kirche.

Das Adjektiv „sibyllinisch", das zur Beschreibung rätselhafter (oder mehrdeutiger) Schriften und Wörter verwendet wird, hat seinen Ursprung in den Sibyllen-Orakeln, die zahlreiche Interpretationen zuließen.

DIE RÖMER ALS DOLMETSCHER DER SIBYLLINISCHEN BÜCHER

Die Römer sagten die Zukunft auf drei Arten vorher: mit Hilfe von Auguren, Zeichendeutern (Haruspices) und der Interpretation der *Sibyllinischen Bücher*. Die sechs Auguren deuteten die Vorzeichen vorwiegend durch Beobachtung des Vogelflugs oder der Fressgewohnheiten heiliger Hühner (*aves spicere*: Vögel beobachten; „Vogelschau"). Die Haruspices waren Priester niedrigeren Ranges, die die Eingeweide (*hara* im Etruskischen, nach einigen Quellen) von Opfertieren studierten, um daraus Vorhersagen abzuleiten. Schließlich soll Tarquinius Superbus (der siebente und letzte König von Rom, 535–509 v. Chr.) drei der neun Bücher der Sibylle von Cumae erworben haben, in der Hoffnung auf Hinweise, wie Rom gerettet werden könnte.

Das Wort „Sibylle" stammt vermutlich von Kybele, der Muttergöttin, die die Sibyllen Prophezeiungen überbringen ließ, auch wenn einige Gelehrte glauben, es sei eine Abwandlung des Sanskritwortes *Shramana* (Schamane), da dieser auch die Gabe besaß, die Zukunft vorherzusagen.

DER GEBEUGTE KOPF DES PROPHETEN JEREMIA

Innenhof der Cathédrale Saint-Pierre
• Bus 36, Haltestelle Cathédrale

I
m Innenhof von St. Peter steht seit 1938 die Statue von Jeremia, dem traurigen Propheten der Klagelieder. Geformt von Auguste de Niederhäusern, scheint dieser schwarze, massive und schwer belastete Jeremia alle Sorgen der Welt zu tragen: Er weint über die Einnahme Jerusalems (607 v. Chr.).

> *Warum schaut Jeremia nicht zur Kathedrale?*

Seltsamerweise blickt die Statue nicht auf die Kathedrale, sondern auf die Stadt und schaut so auf die Gläubigen und nicht auf das Gotteshaus. „Man könnte meinen, es sei Calvin, der für die Ehre Gottes und die Rettung des Genfer Volkes kämpft!", schrieb einer der Exegeten des Reformers. Tatsächlich identifizierte sich Calvin eng mit der Botschaft des Propheten (*Predigten* 1549 und *Glaubenslehre* 1560–1563). Dieser Jeremia symbolisiert somit einen demütigen und für alle Menschen zugänglichen Weg zu Gott.

AUGUSTE DE NIEDERHÄUSERN, EIN SCHÜLER RODINS

Auguste de Niederhäusern wurde 1863 in Vevey geboren und war ein Schüler Rodins, an den sich Augustes Künstlername „Rodo" anlehnte. Seine Karriere war lange erfolglos; bei den meisten Kunstwettbewerben, an denen er teilnahm, blieb er unbeachtet. Als Freund von Verlaine vollendete er mehrere Büsten des Dichters, von denen sich eine im Jardin du Luxembourg in Paris befindet. „Rodo" wurde oft missverstanden und sogar verspottet, wie dieser Vierzeiler über die Statue in St. Peter zeigt:

„Weißt du warum Jeremia
sein Leben lang trübsinnig war?
Weil der Prophet vorhersah,
dass Rodo ihn porträtieren würde."

Er erfuhr aber im Laufe der Zeit doch noch gebührende Anerkennung. Seine Arbeit ist eine wichtige Verbindung zwischen Rodins lyrischem Werk und moderner Bildhauerei. Auguste de Niederhäusern hat „mit den Fäusten" gemeißelt, wie er selbst sagte. 1913 starb er als armer Mann. Das Museum für Kunst und Geschichte besitzt 73 seiner Skulpturen.

DIE MYSTERIÖSEN KÖPFE DES TAVEL-HAUSES

28

Rue du Puits-Saint-Pierre 6
• Bus 36, Haltestelle Hôtel-de-Ville

> *Teil einer herrlichen, violetten Fassade*

Von der Fassade des Tavel-Hauses aus beobachten seit dem 14. Jh. zehn fröhliche und verschmitzte Köpfe die Passanten.

Was repräsentieren sie? Historiker vermuten, es sind die Porträts der ersten Besitzer, die Helden eines mittelalterlichen Romans oder einfach nur das Werk eines talentierten Bildhauers.

Unglücklicherweise trug die Umweltverschmutzung über sechs Jahrhunderte hinweg dazu bei, dass heute nur noch Kopien die Fassade verschönern. Die restaurierten Originale sind im Inneren ausgestellt.

Es gibt noch ein weiteres interessantes Detail: Wozu dienen die Eisenstützen, die schwere Ringe tragen und sich über die Fassade verteilen? Möglicherweise mussten sie die Stangen für die Planen und Baldachine halten, die vor die Fenster gehängt wurden.

Das Tavel-Haus, das wahrscheinlich aus dem 12. Jh. stammt, ist die älteste erhaltene Privatresidenz in Genf. 1334 zerstörte ein Großbrand drei Viertel der Oberstadt; der Wiederaufbau dauerte mehrere Jahre. Bei dieser Gelegenheit wurden dem Tavel-Haus zwei Ecktürme hinzugefügt, die ihm ein massives Aussehen verliehen. Die wohlhabende und einflussreiche Familie Tavel spielte eine große Rolle in der Stadt, starb jedoch im 15. Jh. aus. Das Haus hatte dann eine Reihe wohlhabender Besitzer bis es in die Hände der Familie Calandrini fiel, die es im 17. Jh. komplett umbaute. Einer der Türme wurde abgerissen und eine monumentale Treppe gebaut, doch vor allem erhielt das Haus seinen charakteristischen violetten Anstrich.

Die Residenz wurde 1923 unter Denkmalschutz gestellt und 1963 von der Stadt gekauft, dann 1986 restauriert und in ein Museum umgewandelt. Es vermittelt das Milieu und die Lebensbedingungen der Genfer vom Mittelalter bis in die 1900er-Jahre.

Das Prunkstück des Tavel-Hauses ist ein 30 m² großes Zink- und Kupfermodell, das die Stadt Genf in den 1850er-Jahren zeigt. Das Werk des Architekten Auguste Magnin ist das Ergebnis von über zwanzig Jahren harter Arbeit. Diese außergewöhnliche Darstellung des ehemaligen Genfer Schlosses mit seinen schützenden Mauern wurde auch für eine 3D-Darstellung digitalisiert.

ESOTERISCHE BEDEUTUNG DER GRAVUREN AUF DEM TAVEL-HAUS

Sind die zehn Köpfe des Tavel-Hauses ein Verweis auf ein vergessenes literarisches Werk aus dem Mittelalter oder nur ein paar Porträts von Mitgliedern der Familie Tavel, die die Stadt vom 12. bis zum 16. Jh. geprägt haben? Einige Autoren, die esoterische und symbolische Interpretationen bevorzugen, präferieren diese These, die interessante Spekulationen erlaubt. Diese Köpfe sollen die traditionellen Wasserspeier und Chimären ersetzt haben, die normalerweise die Fassaden der mittelalterlichen Gebäude schmückten. In traditioneller Funktion waren sie Hausgötter, die das Gebäude vor bösen Mächten – mit anderen Worten vor dem Teufel und seinen Handlangern – schützten.

Zur Zeit der Tavels wurde der Bischof von Genf von einem kleinen Kreis als Teufel angesehen. In der Mitte des 14. Jhs. spielten die Tavels eine wichtige Rolle als politische und soziale Opposition gegen das bischöfliche Genf: Sie beteiligten sich auf bedeutende und entschlossene Weise – manchmal mit Waffengewalt – an den Befreiungskämpfen gegen das Bistum und die Verfassung der Kommune. Deshalb war ihre Residenz eine Festung, fast eine Burg. Die Büsten gekrönter Männer und Frauen, die an der jetzigen Fassade punktuell platziert sind, weisen auf ihren Adel hin (das Familienwappen – drei Adler in einem Dreieck – ging 1924 an die Gemeinde Bellevue, in Erinnerung an das dortige Tavel-Haus). Andere Köpfe – ungekrönt, aber offensichtlich vornehm – drücken mit ihrem leicht überheblichen Lächeln eine Spur von Verachtung für ihre Gegner, die bischöflichen Behörden, aus. Es gibt auch einige Tierfiguren. Das Ensemble ist Ausdruck der Verhöhnung lokaler Würdenträger, Kritik an der Gesellschaft oder den Sitten der Zeit. Anthropomorphe Figuren zur Kommunikation einzusetzen, ist für die Spätgotik charakteristisch: Durch ihre starke Aussagekraft begriffen die

Menschen sofort die vermittelte Botschaft.

Menschliche Köpfe repräsentieren in der Regel den höchsten und edelsten Teil des Körpers – den Sitz der Intelligenz –, was impliziert, dass die Tavels schlauer und fortschrittlicher waren als die säkulare Macht der Bischöfe in Genf. Hier haben sie die privaten Laster des Episkopats angeprangert und öffentlich gemacht: Begierde (symbolisiert durch den Schweinekopf), Völlerei (dargestellt durch den in schlechtem Zustand befindlichen Bärenkopf), Stolz (angedeutet durch den Löwenkopf) und vor allem Gier (den Kopf des Hundes gibt es zweimal). All dies war verbunden mit der psychosozialen Monstrosität (Kopf eines Monsters) einer korrumpierenden und korrupten Kirche, die die Familie Tavel zu zerstören versuchte.

Die Macht der Tavels – symbolisiert durch die bewaffneten Adler auf ihrem Schild (der Adler ist ein heraldisches Symbol für Adel und Macht) – wurde zur größten sozialen Kraft in Genf: Das ist dem starken Drang der Familie geschuldet, sich unermüdlich für Fortschritt und intellektuelle Freiheit einzusetzen. Es wäre eine wirklich tiefgründige, kryptische Botschaft der Gesichter des Tavel-Hauses, die weiterhin verächtlich über die Arroganz der Mächtigen dieser Welt lächeln.

DIE WENIG BEKANNTEN REISEN VON FÜNF ARSENALKANONEN ㉙

Rue de l'Hôtel-de-Ville 29
• Bus 36, Haltestelle Hôtel-de-Ville

Obwohl viele Touristen hierherkommen, wissen nur wenige, welche Geschichte hinter den Kanonen steckt, die einst mit ca. 200 weiteren Waffen Genfs Mauern verteidigten. Selbst die meisten Einheimischen kennen sie nicht.

> *Zuerst von Napoleon, dann von den Österreichern mitgenommen, schafften es einige Stücke zurück nach Genf*

Als die Stadt unter der Herrschaft Napoleons (1798–1813) stand, forderte der Kaiser den Großteil dieser Artillerie an. Die Österreicher unter General Bubna lösten die französische Garnison ab und nahmen die zweiundachtzig verbliebenen Kanonen mit, als sie Anfang 1814 Genf verließen. Leutnant Joseph Pinon bewegte Himmel und Erde, um die Genfer Artillerie zurückzuholen. Während des Jahres 1814 reiste er von Stadt zu Stadt und brachte seinen Fall vor die Regenten und verbündeten Generäle. Am Ende wurden seine Bemühungen belohnt: 48 Kanonen wurden geborgen und in drei Konvois zurückgebracht. Die ersten kamen in ihrer ganzen Pracht am 31. Dezember 1814 in Genf an, die anderen am 23. Februar und 18. April 1815. Im Laufe der Jahre wechselten sie ihren Standort und wurden 1852 eingeschmolzen.

Nur eine Kanone hatte die Stadt nie verlassen, da eine Handvoll Patrioten sie versteckt hielt. Gebaut im Jahr 1721 von Daniel Wyss, wird ihr Lauf von zwei Affen gestützt und der Knauf ist mit einem Affenkopfrelief verziert.

1923 erklärte sich das Militärmuseum von Wien bereit, die letzten vier in seinem Besitz befindlichen Kanonen zurückzugeben. Sie sind ebenfalls mit in Bronze eingravierten Tieren verziert: Wölfe, Löwen und Doggen symbolisieren Kraft und Wachsamkeit. Drei der Kanonen sind das Werk eines Dresdner Künstlers, Georg Münch (1725). Die vierte stammt vom Meistergießer Martin Emery, wurde 1680 in Genf gegossen und ist mit Delfinen geschmückt.

Dies sind die fünf Kanonen, die jetzt die Fläche über dem Kopfsteinpflaster des ehemaligen Arsenals einnehmen.

Unter dem Gewölbe glänzen an der Rückwand drei große Mosaike des Genfer Malers Alexandre Cingria. Sie zeigen Cäsars Ankunft 58 v. Chr., den Grafen von Genf und mittelalterliche Jahrmärkte sowie die Aufnahme protestantischer Flüchtlinge nach der Aufhebung des Edikts von Nantes.

Ursprünglich und dann unter den Römern befand sich hier ein offener Marktplatz, der im frühen 15. Jh. überdacht wurde. Die 1588 hinzugefügten Arkaden dienten als Fundament für einen Kornspeicher. Dieser wurde erst 1720 in ein Waffenlager umfunktioniert, welches mit der Verlegung des Arsenals 1877 nach Plainpalais jedoch keinen Zweck mehr erfüllte.

DIE JUSTIZBANK VOR DEM RATHAUS

Rue de l'Hôtel-de-Ville 2
• Bus 36, Haltestelle Hôtel-de-Ville

> *Der Ort der Todesurteile*

Ein müder Passant, der sich auf der steinernen Bank vor dem Rathaus ausruhen will, hat keine Ahnung von den Todesurteilen, die gnadenlose Richter hier bis 1829 ausgesprochen haben. Früher befand sich gegenüber eine Plattform für die Angeklagten und Zeugen.

Unter den vielen Verurteilten befinden sich drei bekannte Personen, deren Schicksal besiegelt war, lange bevor man die Steinbank aufstellte. Nach Folter und Geständnis wurde Jacques Gruet 1547 in Champel wegen Atheismus und Blasphemie enthauptet. In seinen Schriften *Clarissime Lektor* hatte er seine moralischen und politischen Ideen offengelegt: Der Klerus (Calvin war eindeutig das Hauptziel) sollte sich nicht in Politik, moralische Zensur oder Ziviljustiz einmischen – Forderungen, die zur damaligen Zeit unumsetzbar waren.

Danach kam der Spanier Michel Servet an die Reihe, der „Ketzer" (auch nach Calvin!): 1553 zum Tode verurteilt und in Champel lebendig verbrannt.

Jean-Jacques Rousseau hatte mehr Glück. Als er 1762 wegen seiner Schriften, die „die christliche Religion und alle Regierungen zerstören wollten", vor Gericht gestellt wurde, befand er sich nicht in Genf. So begnügte man sich mit dem öffentlichen Verbrennen von gefälschten Kopien von *Émile* und einer Kurzfassung von *Der Gesellschaftsvertrag*. Das Urteil wurde am 3. Januar 1791, dreizehn Jahre nach Rousseaus Tod, per Dekret aufgehoben.

In einer Zeichnung von Pierre Escuyer (1749–1834) ist der Ort des Gerichts gut zu erkennen. Dort befand sich auch das eiserne Halsband oder Joch, das 1562 auf die andere Straßenseite unterhalb des Kornmarktes versetzt wurde (wo später das alte Arsenal eingerichtet wurde, der heutige Standort der Kanonen).

JACQUES GRUET: AUTOR DES ÄLTESTEN GENFER DOKUMENTS AUF PATOIS

Jacques Gruet schrieb Genfer Geschichte mit einer im lokalen Genfer Dialekt gehaltenen Notiz, die nachts auf Calvins Kanzel in Saint-Pierre befestigt wurde. Tatsächlich ist dieses Dokument (das kantonale Archiv besitzt das Original) der älteste bekannte Text auf Patois. Mit wütenden Worten prangert Gruet an: *Quin dyablo! Et to sut que cetou fottu pretre renia not vegnon ice mettre en ruyna. Apret qu'on a prou endura, on se revenge.* Was in etwa bedeutet: „Teufelswerk! Es besteht kein Zweifel, dass diese verdammten abtrünnigen Priester uns ruiniert haben. Wenn wir genug ertragen haben, rächen wir uns"
Der Rest der rachsüchtigen Nachricht lief in die gleiche Richtung.

DIE REITER-RAMPE AM RATHAUS

Rue de l'Hôtel-de-Ville 2
• Bus 36, Haltestelle Hôtel-de-Ville

> ## Zu Pferde
> ## in den dritten
> ## Stock!

Für die Reichen und Mächtigen im 16. Jh. war es eine Frage des Ansehens, den Weg zu den oberen Stockwerken einer Residenz hinaufreiten zu können. In Europa sind nur wenige Anfertigungen bekannt, die diese Extravaganz erlauben: die Rampen im Schloss von Amboise und im Louvre in Frankreich, die Rampe des Campanile von San Marco in Venedig (allgemein unbekannt – siehe unser Reiseführer *Verborgenes Venedig*), und schließlich die des Genfer Rathauses.

Vom Genfer Pernet De Fosses entworfen, begann der Bau dieser mit kleinen runden Pflastersteinen versehenen Rampe 1555 und wurde 1578 von den Bogueret-Brüdern vollendet (einer von ihnen, Nicolas Bogueret, fand den Tod in der Escalade von 1602).

Auf den Säulen der dritten und letzten Etage wurde das Jahr „1578" zusammen mit dem Wort „achevé" (vollendet) und den Initialen „NB" und „JB" von Nicolas und Jean Bogueret eingraviert.

Ein Zeitzeuge beschrieb es so: „Zwei Personen, die ihr Haus verlassen, können Seite an Seite zum Dach des Gebäudes hinaufgelangen, ohne den Boden zu berühren. Es ist sehr bequem für diejenigen, die an Gicht leiden. Viele Male habe ich gesehen, wie Bürgermeister Andrion von seinem Zuhause direkt zur Tür des Rates im ersten Stock geritten ist ..."

Es ist eine Genfer Besonderheit, dass das Rathaus nicht der Sitz der Stadtverwaltung ist, wie sein Name vermuten lässt, sondern die beiden Räte der Republik und des Kantons Genf hier untergebracht sind: der Große Rat (Legislative) und der Staatsrat (Exekutive).

INSCHRIFT AN DER PROMENADE DE LA TREILLE

Tour Baudet
• Bus 36, 3, 5, Haltestelle Croix-Rouge

> **Die mysteriöse römische Inschrift des Tour Baudet**

Am Fuß des Baudet-Turms, direkt neben dem Gittertor zur Terrasse gegenüber der Treille, zieht eine lateinische Inschrift die Aufmerksamkeit auf sich. Passanten müssen genau hinsehen, denn die in Stein gehauenen Buchstaben verblassen langsam. Die Wörter RVFIAE AQVILINAE CF A sind noch schwach zu erkennen.

Diese Grabinschrift stammt vermutlich aus einer römischen Nekropole, die sich in der Nähe der Place Neuve befand. Im Laufe der Zeit wurden alle guten und schon behauenen Steine für Neukonstruktionen verwendet. Zu allen Zeiten waren die Baumeister der Ansicht, dass nichts verschwendet werden sollte – alles könne angepasst und weiter verwendet werden.

Der 4 m lange Stein wurde 1455 beim Turmbau eingefügt und den Manen (Ahnengöttern) gewidmet. Der eingemeißelte Name lautet *Rufia Aquilina Clarissima Femina* – eine Frau, die dem Senat angehörte und hier verewigt wurde.

SAINT-GERMAIN: GENFS ÄLTESTE KIRCHE ZAHLTE ABGABEN FÜR DIE KREUZZÜGE

Saint-Germain ist die älteste Kirche in Genf. Die ersten Dokumente stammen von 1218. Sie weisen darauf hin, dass die kirchlichen Behörden der Provinz Dauphiné Viennois, zu der auch Genf gehörte, die Pfarreien der Region mit dem zwanzigsten Teil ihrer Einnahmen besteuerten, um die Kreuzzüge zu finanzieren. Dies geschah auf Anordnung von Philipp Augustus. Von den sieben Pfarreien in Genf stand Saint Germain auf Platz zwei.

Die Ursprünge von Saint-Germain reichen jedoch viel weiter zurück und gehen zweifellos dem Bau der ersten Kathedrale um mehrere Jahrhunderte voraus. 1334 blieb sie vom Feuer in der Oberstadt nicht verschont, wurde aber in nur wenigen Jahren wiederaufgebaut. Es folgte eine bewegte Geschichte: Während der Reformation (gemäß Rom fand die letzte katholische Messe am 15. August 1535 statt) wurde die Kirche zugunsten der nahegelegenen Kathedrale vernachlässigt. Sie diente später als Lager, Arsenal, Kornspeicher, Tagungsraum für den Regionalrat und ... als Metzgerei. Die Kirchgänger eroberten sie zurück, und so konnten die „alten" Genfer Katholiken in Saint-Germain zur Zeit des Schisma 1871, das aufgrund des von Pius IX. verkündeten Dogmas der päpstlichen Unfehlbarkeit entstand, Zuflucht finden. Als die römische Kirche 1907 offiziell ihren Besitz zurückerlangte, gab es keinen triftigen Grund, diese liberalen Katholiken zu vertreiben.

STÄDTISCHE FOSSILIEN IM RATHAUS ❸❸

Innenhof des Hôtel-de-Ville
• Bus 36, Haltestelle Hôtel-de-Ville
Thierry Basset
Route de Thonon 259 B, 1246 Corsier
• Tel.: +41 79 385 71 77
• info@thierrybasset.ch • www.thierrybasset.ch

Friedhof der Gastropoden!

In den Steinen der Gebäude und Straßen unserer Städte befinden sich unzählige Fossilien, nämlich auf den Oberflächen von Fassaden, Balustraden und auf dem Straßenpflaster. Doch wer bemerkt sie?

Bei einer Führung mit dem Geologen und Vulkanologen Thierry Basset werden einem die Augen geöffnet: Fossilien, von denen einige über 150 Millionen Jahre alt sind, finden sich überall!

Die Brunnenbecken, die aus Kalkstein gehauen sind, enthalten fast alle versteinerte Meerestiere (die Region stand während des Mesozoikums unter Wasser). Auch der Stiegenaufgang hinauf zur Promenade des Observatoriums, der zum Museum für Kunst und Geschichte führt, wimmelt nur so von winzigen Fossilien. In den Rues-Basses der Altstadt herrscht der lokale Sandstein mit seinen roten Reflexen vor; er kann keine Fossilien enthalten. Sollten Sie aber den Kalksandstein dazwischen erkennen können, werden sie eine nach der anderen entdecken. Es ist schade, dass die Mode, die Bordsteine zu hämmern, um eine strukturierte Oberfläche zu erhalten, systematisch viele Fossilien zerstört hat.

Die spektakulärsten jedoch finden sich im Innenhof des Rathauses: Besucher,

die in diesem touristischen Mekka im Herzen des politischen Lebens von Genf spazieren gehen, haben keine Ahnung, dass sie auf einem wahren Friedhof der Gastropoden flanieren. Die Pflasterung zeichnet sich durch das komplizierte und harmonische Muster aus, gezeichnet durch die von Krustentieren gegrabenen Röhren, die nach der Füllung mit Schlamm versteinerten. Hier und da finden sich schöne, messerähnliche Formen (wahrscheinlich *Potamides* = Seeschnecken). Sobald Sie sie entdeckt haben, werden Sie unweigerlich in die Knie gehen und begeistert den Boden fotografieren, umgeben von Touristen, die nur die prächtige Rathausbalustrade filmen.

DIE STATUE VON PICTET DE ROCHEMONT

Promenade de la Treille
• Bus 36, 3, 5; Haltestelle Croix-Rouge

Ein Schafzüchter wird Diplomat

Genf schuldet ihm viel. Dank seiner diplomatischen Fähigkeiten überzeugte Pictet de Rochemont im 19. Jh. die Eidgenossenschaft, den organisatorischen Aufbau des Kantons zu akzeptieren. Er bewegte die alliierten Herrscher dazu, der Erweiterung des Territoriums zuzustimmen, um dem Bedarf des Schweizer Volkes gerecht zu werden. Sein Erfolg auf den Kongressen von Paris (1814), Wien (1815) und Turin (1816) war entscheidend. Charles Pictet de Rochemont hatte sich bereits aus der politischen Welt zurückgezogen, als man auf seiner Farm in Lancy nach ihm suchte. Er züchtete dort leidenschaftlich Merinoschafe. Bürgermeister Ami Lullin flehte ihn an: „Charles, verlasse Felder, Getreide und Schafe. Genf braucht dich, um sein neues Schicksal zu finden!" Rochemont zog wieder seinen Gehrock an

und reiste von einer Hauptstadt zur nächsten, verhandelte und überzeugte. Hätten sie ihn weitermachen lassen, hätte er den Kanton Genf bis an den Fuß des Jura und nach Savoyen hinein ausdehnen können! Aber die Genfer Protestanten fürchteten um ihre Vorherrschaft, da die Bevölkerung aus diesen Regionen hauptsächlich katholisch war. Nachdem seine Mission erfüllt war, kehrte Pictet de Rochemont zu seinem Pflug zurück und besprach mit seinen Bauern im lokalen Dialekt Pflanzung und Viehzucht. Seine Statue auf der Treille (eine Arbeit von Peter Hartmann) hält einen Vertrag in der Hand. Der Künstler hätte ihn mit der anderen Hand ein Merino-Schaf streicheln lassen können, dann wäre das Porträt dieses außergewöhnlichen Mannes vollständig gewesen.

DIE BANK AN DER PROMENADE DE LA TREILLE

• Bus 36, 3, 5; Haltestelle Croix-Rouge

> *Die längste Bank der Welt?*

Die Bank, die 1767 entlang der Promenade de la Treille aufgestellt wurde, war ein wahres Symbol des Friedens. Vorher diente dieser Hügel als Festung und Beobachtungsposten; Kanonen wurden hier platziert. Durch die ideale Stellung konnten die Truppen den herannahenden Feind (die Savoyarden natürlich!) beobachten, wenn er die Arve oder Rhône überquerte. Im 18. Jh., als die militärische Bedrohung nachließ und neue Viertel gebaut wurden, die den Blick versperrten, traf sich hier die ganze Stadt. Wege am See fehlten noch, und so schlenderten die Leute die sonnige, von den Gebäuden der Altstadt geschützte Promenade auf und ab.

Wegen des großen Andrangs wurde entlang des Weges eine einzelne Holzbank mit 120 m Länge angebracht. Dies war zu jener Zeit sicherlich ein Weltrekord und niemand hat es seitdem bestritten (siehe Kasten unten).

Über diese Bank, die den Genfer Bewohnern so viel bedeutet, debattieren sogar der Große Rat und die Presse. Alles was es braucht, ist die Ausbesserung der Farbe, um hitzige und wochenlang andauernde Diskussionen zu entfachen, die sich um den gewählten Grünton oder die Witterungsbeständigkeit des Lackes drehen. Wie glücklich muss ein Land sein, wenn es sogar die Instandhaltung einer öffentlichen Bank auf die Titelseite der Zeitungen schafft!

STEHT DIE WELTWEIT LÄNGSTE BANK IN MARSEILLE?

Marseille ist die andere Stadt, die behauptet, die längste Bank der Welt zu besitzen (siehe unseren Reiseführer *Marseille insolite et secrète*, verfügbar in Französisch). Obwohl die Bank an der Corniche Kennedy 2 km lang ist, ist sie nicht in einem Stück gefertigt, und ihr längster durchgehender Abschnitt wurde nie wirklich gemessen.

Die Promenade de la Treille (*treille* bedeutet Weinlaube) verdankt ihren Namen offenbar den Reben, die hier seit ewigen Zeiten angebaut wurden – hauptsächlich die Sorte „Hutins", die sich in den Lauben rankt. Im 16. Jahrhundert kaufte die Republik dieses Stück Land, entfernte die Reben und baute eine dicke Schutzmauer, um den Zugang zur Altstadt zu verteidigen.

DER „OFFIZIELLE" KASTANIENBAUM DER PROMENADE DE LA TREILLE

36

• Bus 36, Haltestelle Croix-Rouge

> ***Ein offizieller Baum, der den Frühling ankündigt!***

Genf besitzt einen „offiziellen" Baum. Jedes Jahr ist der Kastanienbaum der Treille-Promenade dafür verantwortlich, den Frühling anzukündigen. Er steht gut geschützt in der Nähe des Baudet-Turms. Früher, als die Menschen noch Zeit hatten, sich an den einfachen Dingen des Lebens zu erfreuen, wurde das Erscheinen der ersten Knospe lauthals und überschwänglich mit offiziellen Reden, Kindertänzen und Musik gefeiert. Auch wenn die Presse dieses Ereignis heute nur nebenbei erwähnt, bleibt es ein wichtiger Moment des Genfer Lebens. Während einer pompösen Zeremonie folgt ein Amtsdiener in rot-gelbem Umhang dem *Sautier* der Republik in einer respektablen Entfernung. Ein Amateurbeobachter hielt die Ankunft des Frühlings in Genf anhand eines Baums weiter westlich kontinuierlich fest. Seit 1808 lückenlos in den Registern vermerkt, wird dieses Datum offiziell seit 1818 statistisch erfasst. So erfahren wir, dass sich die Ankunft

des ersten Frühlingstags von Jahr zu Jahr beträchtlich unterscheiden kann: Manchmal öffnet sich die erste Knospe im Januar und manchmal Ende April. Vier Bäume wurden bisher zur Auswertung beobachtet: der erste von 1818 bis 1905, der zweite bis 1928, der dritte von 1929 bis 2015 und der vierte übernimmt seit 2016 die Ankündigung des Frühjahrs. Dieser direkt vor dem Baudet-Turm stehende Baum wird jedoch nur vorübergehend die Nachfolge übernehmen, denn einer der sorgfältig aus dem „offiziellen" Baum von 1929 entnommenen Triebe wird in ein paar Jahren als dessen Nachkomme seinen „historischen" Anspruch erfüllen.

DIE „VERRÜCKTE" KASTANIE

Ein kleiner, im Jahre 1968 gepflanzter Kastanienbaum konkurriert mit dem offiziellen Patriarchen. Eines Jahres verkündete seine erste Knospe bereits im Dezember die Ankunft des Frühlings. Seither trägt er den Spitznamen „Verrückte Kastanie".

DER *SAUTIER* DER REPUBLIK

Die schmale Gasse Rue du Sautier (zwischen Grand-Rue und Saint-Germain-Kirche) trägt die Berufsbezeichnung eines typischen Genfer Beamten. Seit dem 6. Jh. stand der *Sautier* den Wächtern vor und wachte selbst über das Rathaus. Jean de Passy (1483–1496) füllte als erster diese Position aus. Von siebzig *Sautiers*, die ihm folgten, bekleidete als eine von zwei Frauen zuletzt Maria Anna Hutter bis 2016 dieses Amt. Sie wurde von Laurent Koelliker abgelöst. Da die Feinde von damals nicht mehr existieren, fungiert der *Sautier* heute als Generalsekretär und Direktor der Dienste des Großen Rates.

Einer der berühmtesten *Sautiers* hieß Pierre Canal (1608–1610). Sein Vater Jean war einer der Helden der Escalade. Leider beschuldigte man Pierre, für den Hof von Savoyen zu spionieren – unter Folter gestand er, was man von ihm hören wollte. Er wurde dazu verdammt, „langsam aber sicher" lebendig verbrannt zu werden, nachdem er zuerst gerädert worden war. Mit seinem letzten Atemzug zog er sein Geständnis zurück, doch die Richter blieben ihrem Urteil treu. Seine Asche wurde in die Arve gestreut.

Heutzutage muss der *Sautier* neben ernsteren Verpflichtungen darauf achten, die Öffnung der ersten Knospe am „offiziellen" Kastanienbaum der Treille nicht zu verpassen! Sein Ruf wäre ruiniert, sollte das passieren!

WOHER KOMMT DAS WORT *SAUTIER*?

Etymologisch stammt *Sautier* aus dem umgangssprachlichen Latein und bedeutet „der, der die Ernten bewacht" (von *Saltus* – Wald oder Land). So also die ursprüngliche Bedeutung von Sautier (Wächter) – und bis heute hat sich dieser wahrlich anachronistische, jedoch malerische Begriff gehalten.

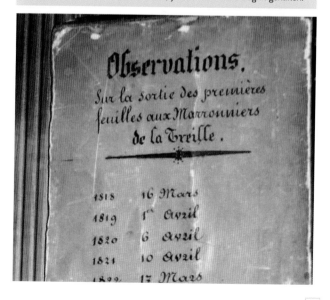

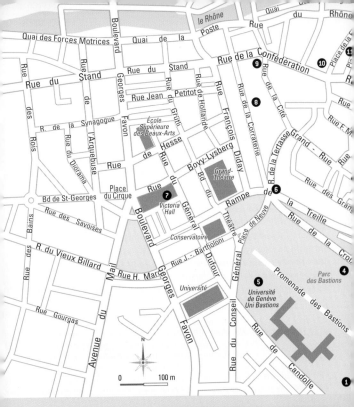

UNTERE STADT

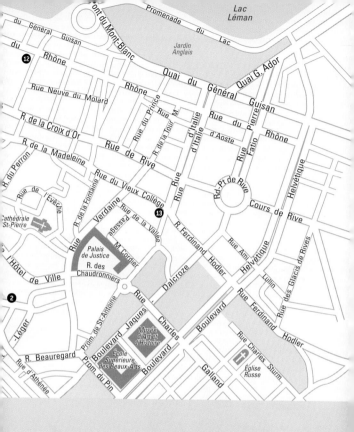

DER ENGEL ZUR HUNDERTJAHRFEIER DES ROTEN KREUZES ❶

Parc des Bastions
• Bus und Tram: Grand Théâtre

Eine unbeliebte Statue ...

Spaziergänger, die abseits der Hauptwege im Parc des Bastions unterwegs sind, stoßen vielleicht auf diese Skulpturengruppe: Ein Engel, so stark wie ein Rugbyspieler, der mit erhobenem Arm (eine Geste, die von Besuchern oft scherzhaft gedeutet wird ...) schützend vor einem sterbenden Soldaten und verängstigten Flüchtlingen steht.

Die Arbeit von Jacques Probst sollte ursprünglich entlang der Promenade de la Treille stehen, einem prominenten und beliebten Ort. Die Stadt und das einberufene Komitee fanden die massive Komposition wahrscheinlich zu „modern", denn sie wurde in diese Ecke des Parks verbannt – bei Tauben beliebter als bei Besuchern.

Die Jury missverstand die zweideutige Haltung zweifellos: In Wirklichkeit wollte der Bildhauer einen Engel darstellen, der sich beim Schöpfer für die Opfer des Krieges einsetzt.

Das Denkmal wurde anlässlich des 100-jährigen Jubiläums des Internationalen Komitees vom Roten Kreuz (IKRK) in Auftrag gegeben und 1963 nach einer Spendenaktion um 200.000 Schweizer Franken errichtet.

HENRY DUNANT: „INITIATOR", „FÖRDERER" ODER „GRÜNDER" DES ROTEN KREUZES?

Eine Inschrift auf dem Sockel der Skulptur nennt Henry Dunant (geb. 1828) den „Initiator" des IKRK. Auf der Gedenktafel, die seine Familie 1919 an seinem Geburtshaus in der Rue Verdaine 12 anbrachte, wird er als „Förderer" des Roten Kreuzes bezeichnet. Die Gravur auf der Stele unter seiner Büste, die 1980 auf der Place de Neuve aufgestellt wurde (siehe Seite 109), weist ihm schließlich die Rolle des „Gründers" zu.

Die unterschiedlichen Zuschreibungen zeigen, wie sich die Wahrnehmung seiner Rolle im Laufe der Zeit änderte und die Ressentiments – durch Schulden, Konkurs und Exil –, die seine offizielle Anerkennung durch die Genfer lange verhinderten, nach und nach verschwanden.

1864 wurde der Parc des Bastions eingezäunt. Da die Instandhaltung dieses schmiedeeisernen, kunstvollen Zauns Millionen kostet, macht die Öffentlichkeit von Zeit zu Zeit lautstark ihrem Unmut darüber Luft, denn in den anderen Genfer Parks (vor allem im Jardin Anglais, Perle du Lac und Parc Bertrand) wurden bereits vor etwa siebzig Jahren die meisten Zäune entfernt.

DIE ALTEN GENFER UNTERGRUNDTUNNEL

Am Rande der Altstadt unterhalb der ehemaligen Befestigungsanlagen existiert ein Netzwerk unterirdischer Tunnel. Es ist eines der großen „Geheimnisse" von Genf, doch nur wenige Bewohner wissen davon.

Die Tunnel dienten zwei Zwecken: Einerseits für den diskreten Transport von Sprengstoff, der gezündet werden konnte, sollte jemals der Feind auf dem Vormarsch sein, andererseits konnten sich die Soldaten so unbemerkt zwischen den verschiedenen Verteidigungsbastionen bewegen. Ein Plan des Tunnelsystems wurde 1720 erstellt und 1798 an das militärische Hauptquartier von Grenoble übermittelt, als Genf zu Frankreich kam.

Leider wurde die Karte verlegt. Auch die 1814 während der Restauration angefertigte Kopie, die an die Genfer Behörden geschickt wurde, ging 1857 wieder verloren!

Fasziniert vom Thema, fertigte der Genfer Historiker Louis Blondel vom größten Teil des Tunnelsystems neue Zeichnungen an. Ohne auf die Einzelheiten dieser ziemlich komplexen Karte einzugehen, wird deutlich, dass es einen tief gelegenen „Haupttunnel" gibt, der von der Rue Pierre-Fatio in Richtung Rue Charles-Sturm, Rue Rodolphe-Toepffer und Terrasse de Saint-Victor verläuft, dann unter der Rue de Charles-Bonnet, dem Cours des Bastions und Boulevard Helvétique, der Rue De-Candolle, Rue Saint-Léger und dem Boulevard des Philosophes hindurchführt und wieder in der Rue De-Candolle, gegenüber dem Ostflügel der Universität herauskommt. Der größte Seitenast des Haupttunnels war 138 m lang und endete an der Spitze der Route de Florissant.

Die Tunnel waren solide, ziemlich breit, mit Ziegelgewölben auf einem Fundament aus gewalztem Kiesel. Später wurden sie aufgefüllt oder ihre Eingänge wurden versperrt und vergessen. Im Keller des Museums für Kunst und Geschichte existiert ein Zugang, von dem aus man mehrere hundert Meter die „Zuhörergalerie" entlanglaufen kann. Sie verband den Eingang der Rue Saint-Léger mit dem der Rue du Vieux-Collège (siehe Foto unten).

Das unterirdische Tunnelnetz war etwa 5 km lang, ohne die 27 Bunker entlang der Boulevards des Casemates und Helvétique dazuzuzählen, die mit dem Sprengstoff-Tunnel über zwei Treppen zu je elf Stufen verbunden waren. Unterhalb der Rue de la Croix-Rouge – einst Teil einer Verteidigungsmauer zwischen den Bastionen Oie und Saint-Léger – befindet sich ein gewölbter Korridor, dessen Zugang sich im Garten des Palais Eynard neben der Bastion Mirond (siehe nebenstehendes Foto) befindet.

DIE NISCHEN IN DER FASSADE DER MAISON ❷ INTERNATIONALE DES ÉTUDIANTS

Rue René-Louis-Piachaud
• Bus 3, Haltestelle Palais-Eynard

Zwei Statuen als Opfer einer Intrige

Wie und warum wurden zwei Statuen nackter Kinder 1944 Opfer einer Intrige und warum wurden sie von der Fassade der Maison Internationale des Étudiants in der Rue René-Louis-Piachaud entfernt?

Leonetto De Leon ist der Einzige, der noch immer darum kämpft, dass die Statuen wieder in die Nischen gesetzt werden – anstelle der wie Amphoren geformten Bestattungsurnen.

Der Bildhauer Roger Ferrier (Schöpfer der Statue von Gundobad, Seite 46) war von der Stadt Genf beauftragt worden, zwei Statuen von Kleinkindern anzufertigen. Da er bereits in seinem Atelier eine Skulptur seiner zweieinhalbjährigen Tochter Nadia stehen hatte, fügte er die Figur eines gleichaltrigen Jungen hinzu, beide in Gips und in Lebensgröße. Um sie den Dimensionen der Fassadennischen anzupassen, vergrößerte Ferrier sie auf 1,60 m Höhe. Sie wurden im August 1941 eingesetzt.

Nach einem Streit zwischen Ferrier und dem damaligen Leiter der Kunstschule, Albert Dupraz (später wegen Unterschlagung zu 15 Monaten Haft verurteilt), wurde Ferrier plötzlich entlassen und verlor seine Professur. Auf diese Maßnahme folgte eine demütigende Entscheidung: Am 25. Februar 1944 ordnete der Verwaltungsrat die Entfernung der beiden Statuen an – mit der Begründung, ihr Erscheinungsbild sei äußerst unangemessen. Die Statuen verbrachten die nächsten 35 Jahre im Keller. Während der Renovierungsarbeiten 1981 übergab man sie dem Archiv des Museums für Kunst und Geschichte – auch hier blieben sie vergessen. Leonetto De Leon, der Schwiegersohn

von Roger Ferrier, fand sie erst 1999 wieder. Seitdem bemüht er sich bei den Behörden und dem Amt für Denkmalschutz darum, die beiden kleinen Figuren wieder auf ihren ursprünglichen Platz zu setzen. Er hat auch vorgeschlagen, sich an einer Reproduktion aus Stein zu beteiligen, die der Luftverschmutzung standhalten würde.

Die Maison Internationale des Étudiants befindet sich in einem schönen, dreistöckigen Gebäude aus dem 19. Jh. gegenüber dem Palais Eynard. Den Studenten stehen 32 Zimmer mit einer Gemeinschaftsküche und einem Speisesaal zur Verfügung.

JULIETTE DROUET – GANZ NACKT

Sockel der Büste von Augustin-Pyrame de Candolle
Parc des Bastions
• Bus 36, Haltestelle Croix-Rouge

> *Victor Hugos Geliebte tanzt im Parc des Bastions*

Ein unaufmerksamer Besucher würde sich bei der Büste von Augustin-Pyrame de Candolle im Parc des Bastions nicht länger aufhalten. Diese vornehme Persönlichkeit gründete jedoch die Botanischen Gärten. 1818 pflanzte er im damaligen Sumpfgebiet eine Vielzahl seltener Gewächse. Das Arboretum wurde 1904 auf ein größeres Gelände auf der Route de Lausanne am Stadtrand verlegt.

Auf dem im Sockel eingravierten Dekor drehen sich – umgeben von pausbäckigen Putten – spärlich bekleidete Tänzerinnen fröhlich um eine ziemlich ernst anmutende Figur.

Ein Literaturkenner könnte Juliette Drouet, die berühmte Geliebte Victor Hugos, erkennen.

Zuvor war sie die Geliebte des Bildhauers James Pradier. 1828 kam die gemeinsame Tochter Claire zur Welt, Pradier zweifelte jedoch an seiner Vaterschaft und verjagte Mutter und Tochter. Das verärgerte seinen Freund Victor Hugo: Er nötigte Pradier, die kleine Claire gesetzlich anzuerkennen – zwei Jahre zu spät. Hugo, inzwischen Juliettes neuer Liebhaber, wurde Claires Pate.

Auf der Place de la Concorde in Paris steht eine weitere Statue von Pradier, die ebenfalls Juliette Drouet darstellt. Hier symbolisiert sie die Stadt Straßburg.

WAS WURDE AUS JAMES PRADIER?

James Pradier, der sich sein Leben lang zu jungen Mädchen hingezogen fühlte, starb 1852 während eines Picknicks mit der 16-jährigen Adeline im Alter von 62 Jahren an einem Herzinfarkt.

DIE KLEINEN GEHEIMNISSE
DER „WAND DER REFORMATION"

❹

Parc des Bastions
• Tram 17, Bus 1, Haltestelle Place de Neuve

> **Sie wurde
> nie fertiggestellt ...**

Vor der alten Mauer der Treille im Parc des Bastions stehen riesige Skulpturen. Das Fresko der „Mauer der Reformation" ist den Genfern zwar bekannt, doch viele von ihnen haben Schwierigkeiten, die vier mittleren großen Steinfiguren zu benennen: Farel, Calvin, Bèze und Knox.

Den Grund für den Standort kennen nur wenige. 1908 mussten die Stützpfeiler der alten Befestigungsanlagen dringend gesichert werden. Lausanner Architekten, die dieses Projekt einer rund 100 m hohen Mauer präsentierten, erhielten den Zuschlag nach einem Wettbewerb mit 71 eingereichten Vorschlägen. Sie überzeugten durch geschicktes Kombinieren des Nutzen mit der Hommage an die ruhmreichsten Reformer.

Tatsächlich wurde die „Wand der Reformation" nie wirklich fertig. Nach den ursprünglichen Plänen sollten die Figuren von Pierre Olivétan – einem Cousin Calvins, der den Kanton Waadt evangelisierte – und von Thomas Cranmer, dem ersten reformierten Erzbischof von England, in die seitlichen Flachreliefs aufgenommen werden. Zwei anderen glorreichen Protestanten, John Wycliffe und Jan Hus, widmete man nur zwei bescheidene Inschriften, obwohl auch für sie ursprünglich Figuren vorgesehen waren.

Die schnelle Fertigstellung des Werkes nach acht Jahren Arbeit hing zweifellos mit den unsicheren Zeiten zusammen, denn zum Datum der Einweihung im August 1917 waren viele Arbeiter bereits zum Ersten Weltkrieg eingezogen worden.

LANDOWSKI: SCHÖPFER DER „WAND DER REFORMATION" UND DES CHRISTUS VON RIO DE JANEIRO!

Die 30 m hohe Figur des „Christus der Erlöser", die seit 1931 die Bucht von Rio beherrscht, steht in familiärer Verbindung zu den Steinhauern des Parc des Bastions. Tatsächlich ist es eine Arbeit des Bildhauers Paul Landowski und seines Mitarbeiters Henri Bouchard, die auch die Statuen der Genfer Mauer schufen.

DIE EINZIGE FRAU

Marie Dentière (1495–1561), die 19 Jahre jüngere Ehefrau von Antoine Froment, ist die einzige Frau, deren Name in später Ehrung erst 2003 auf der Mauer verewigt wurde. Sie war eine der ersten Historikerinnen und Theologinnen der Reformation im französischen Sprachraum und frühe Feministin. Doch die anderen Reformer Farel und Calvin lehnten sie wegen ihres starken Temperaments ab.

DIE STATUE "DAVID VAINQUEUR DE GOLIATH" ❺

Parc des Bastions
• Tram 17, Bus 1; Haltestelle Place de Neuve

> **Ein gekränkter Bildhauer ...**

Die eindrucksvolle Skulptur „David Vainqueur de Goliath" („David, Sieger über Goliath"), die im Parc des Bastions ihren Platz hat, ist das letzte Werk von Jean-Étienne Chaponnière. Sie wurde 1835 mit der Goldmedaille beim Pariser Art Salon ausgezeichnet. Kurz darauf starb der Künstler mit 34 Jahren an Tuberkulose.

Der junge Bildhauer war der Öffentlichkeit bereits bekannt und hatte eine vielversprechende Karriere vor sich. Auguste Thiers beauftragte ihn 1833 mit der Fertigstellung eines der vier Basreliefs des Triumphbogens in Paris: Der Fall Alexandrias durch General Kléber. Es befindet sich somit in Gesellschaft der berühmteren Flachreliefs von Rude, Cortot und Etex.

Im Park unweit vom Eingang der Place de Neuve aufgestellt, löste das Kunstwerk zum Zeitpunkt seiner Installation offenbar einige Kontroversen

aus. Tatsächlich trug David in der ersten Version ein Bärenfell. Ein eifersüchtiger Kollege machte sich über diesen Aufputz lustig und behauptete, Chaponnière wolle damit seine Unfähigkeit verbergen, einen menschlichen Körper modellieren zu können. Daraufhin schuf der Künstler diese zweite, schnörkellose Version, welche die Besucher nun bewundern können.

Die in Bronze gegossene Statue wurde 1854 aufgestellt. Den Fuß siegesbewusst auf dem Kopf des Riesen platziert, lehnt David sich gegen ein schweres Schwert, das er vermutlich nicht hätte schwingen können ... aber eine dritte Version wird es nicht geben.

BILDHAUER, DIE IHREN VORNAMEN ÄNDERN. . .

Jean-Étienne Chaponnière wählte den Namen John, als er 21 wurde. Er folgte damit der Mode dieser Zeit und orientierte sich an seinem Meister Pradier, der seinen Namen von Jean-Jacques zu James änderte.

DER MERKWÜRDIGE STANDORT DER BÜSTE ❻ HENRY DUNANTS

Place de Neuve
• Bus 3, 5, 9, Tram 12, Haltestelle Place de Neuve

> *Der Gründer des Roten Kreuzes wartete 70 Jahre auf Anerkennung durch seine Heimatstadt*

Henry Dunant erfuhr keine Anerkennung durch die Genfer für sein Werk, denn als die Bank Crédit Genevois, deren Verwalter er war, bankrott ging, stürzte er viele von ihnen mit in den Ruin.

Mit 39 Jahren entehrt und verurteilt, konnte Dunant dank seiner Doppelstaatsbürgerschaft nach Frankreich fliehen. Nie wieder würde er einen Fuß in seine Heimatstadt setzen.

Doch 1980 sammelte eine Gruppe von Bürgern 14.000 Franken, um in dieser Ecke der Place de Neuve eine Büste des schon 1910 verstorbenen Gründers des Roten Kreuzes aufzustellen.

Bereits 1919 hatte Henry Dunants Neffe versucht, mit Hilfe der Genfer Regierung ein Denkmal zu errichten, aber der Große Rat lehnte ab.

Auf dem Platz, wo die Büste steht, fanden früher Hinrichtungen statt. Der Standort soll daran erinnern, dass Henry Dunant, der seinen Überzeugungen stets folgte, auch die Todesstrafe vehement bekämpft hatte. 1862 war er Zeuge einer gescheiterten Erhängung geworden – ein traumatisierendes Erlebnis für ihn.

Die Büste an der Place de Neuve zeigt Henry Dunant mit Schnurrbart, Koteletten und einer Fliege. Mit dieser etwas strengen Darstellung soll der Friedensnobelpreisträger von 1901 geehrt werden und nicht der junge Kolonist, der in Algerien gefährliche Geschäfte gemacht und sich dabei hoch verschuldet hatte. Er konnte seine Konzession für die Bewirtschaftung einer Farm mit Windmühlen nicht aufrechterhalten. Das bedeutete seinen Ruin – und einiges an Unterschlagungen.

DIE GUILLOTINE IN GENF

Am 31. März 1800, dem Datum der zweiten Hinrichtung durch die Guillotine in Genf, wurde diese unheilvolle Vorrichtung an jener Stelle installiert, wo Dunants Büste jetzt steht. Die letzte Hinrichtung fand 1862 statt. Klinge und Lünette werden in der Maison Tavel aufbewahrt.

DIE NACKTE STATUE DER „HARMONIE" IN DER VICTORIA HALL

Victoria Hall
Rue du Général-Dufour 14
• Tram 14, Haltestelle Cirque; Bus 5, Haltestelle Place de Neuve

Die Genfer gehen heute an der Victoria Hall vorbei, ohne den Kopf zu heben. Doch das war nicht immer so.

Schamlosigkeit, die einen Skandal auslöste

Bei der Eröffnung des Konzertsaals am 28. November 1894 zog die allegorische Statue der „Harmonie" durch ihre Lebensgröße und völlige Nacktheit einige anzügliche Blicke auf sich.

Bisher versteckten Statuen von unbekleideten Frauen den „strategischen Punkt" durch die Positionierung des Knies, einer Hand oder einen günstig arrangierten Zweig. Diesmal zeigte die Frau unbekümmert ihre Anatomie. Sich an das Vorbild des Pariser Künstlers Jean Coulon zu halten, bescherte dem Bildhauer Joseph Massarotti einigen Ruhm. So hat jede Zeit ihren eigenen Skandal! Nachdem sich die Öffentlichkeit an die provokante Nacktheit gewöhnt hatte, organisierte Pastor Frank Thomas 1896 einige Predigten in der Victoria Hall. Sie vertrieben alle schmutzigen Gedanken ...

Dank der Leidenschaft eines Engländers für die Konzerte, die auf Segelschiffen auf dem Genfer See stattfanden, wurde hier zwischen 1891 und 1894 die Victoria Hall erbaut. Daniel Barton war nach Genf gekommen, um sein riesiges Vermögen zu verwalten, und hatte 1883 die *Harmonie Nautique* („Nautische Blaskapelle") gegründet. Das Orchester sollte die Regatten, von denen Barton so begeistert war, sowie die anderen Veranstaltungen des Yachtclubs beleben.

Es fehlte jedoch ein Konzertsaal, da die Bootsdecks nur im Sommer genutzt werden konnten. Zu Ehren seiner Frau Victoria-Alexandra und der Königin Victoria (ein in doppelter Hinsicht diplomatischer Schachzug – Barton war Vizekonsul von Großbritannien) ließ er die Victoria Hall bauen. Das Gebäude verfügte über eine außergewöhnliche Akustik und konnte 1.800 Musikliebhaber aufnehmen – ein Rekord im damaligen Genf.

1905 wurde die Victoria Hall der Stadt Genf vermacht; Barton starb 1907.

Im Jahr 1915 wurde die „Harmonie Nautique" in *Harmonie Municipale* („Städtische Blaskapelle") umbenannt. Heute heißt sie „Blasorchester der Stadt Genf."

Am 16. September 1984 zerstörte ein Feuer den Zuschauerraum und Teile der Inneneinrichtung. Nach der Restaurierung wurde die Victoria Hall 1986 in die kantonale Denkmalschutzliste aufgenommen.

Das Goldene Buch des Konzertsaals enthält viele berühmte Unterschriften, darunter die von Saint-Saëns, Vincent d'Indy, Grieg, Rubinstein, Reineke und Massenet.

DER MASKARON
IN DER RUE DE LA CORRATERIE

8

Rue de la Corraterie 7
• Straßenbahnen 12, 17, Haltestelle Bel-Air

I n der Rue de la Corraterie Nr. 7 zieht ein Fratzenkopf, der auf dem Schlussstein über der Tür angebracht ist, die Aufmerksamkeit der Passanten auf sich. Wer ist diese Frau, die eine Kappe und einen Kragen trägt? Ist es Lady Piaget, die den Verteidigern von Genf während der Escalade von 1602 den Schlüssel

Mère Royaume: Genfs berühmteste Heldin stammte aus Lyon

zu ihrem Hausflur hinwarf, bevor sie sich in ihrem Zimmer verbarrikadierte und mit eigener Kraft einen riesigen Schrank vor die Tür schob?

Oder ist es die sechzigjährige Lyonerin Mère Royaume, eine sechzehnfache Mutter, die in Genfs Geschichte eingegangen ist, weil sie einen savoyardischen Soldaten mit einem schweren Zinnkessel niedergeschlagen hatte? Die zweite Interpretation hat sich im Laufe der Zeit durchgesetzt. Mère Royaume sichert heute das Einkommen der Genfer Konditoren, die jeden 12. Dezember als Andenken Tausende mit Marzipangemüse gefüllte Schokoladenkessel herstellen.

Die Corraterie – wo die Pferdehändler die Pferde „laufen ließen" – verläuft entlang der alten Mauerreste der Oberstadt. Eine Gedenktafel erinnert die Besucher daran, dass die Genfer während der Escalade die Savoyarden durch einen wütenden Ansturm zurückdrängten. Die Corraterie veränderte sich immer wieder: An die Stelle der Häuser, die im Laufe der Zeit zerstört wurden (insbesondere der Thellusson-Turm), traten Gebäude, deren Giebel von Ingenieur und General Dufour 1825 entworfen wurden. Einige renommierte Geschäfte befinden sich heute hier.

THÉODORE DE BÈZE AUF
DEM ESCALADE-BRUNNEN

9

Ecke Rue de la Cité und Rue de la Confédération
• Tram 12, 16, 17, Haltestelle Bel-Air

> **De Bèze
> wachte während
> des Angriffs nicht
> einmal auf ...**

Eines der beiden bronzenen Basreliefs des Escalade-Brunnens am unteren Ende der Rue de la Cité zeigt Théodore de Bèze, wie er den Sieg in der Kathedrale St. Peter feiert und sich inmitten einer Schar von Gläubigen bei Gott bedankt.

Die Legende besagt jedoch, dass der alte Reformer mit seinen 83 Jahren ein wenig schwerhörig war, denn er wachte tatsächlich nicht einmal während des Angriffs auf. Fest steht, dass nicht er, sondern Pastor Antoine de la Fayec am Sonntagmorgen um 8 Uhr in der Kathedrale kurz den Psalm 214 kommentierte, bevor der Angriff eine weitere Morgenandacht unmöglich machte.

Der Münchner Bildhauer Johan Leeb ignorierte die historische Wahrheit und folgte der Tradition, als er 1857 dieses Denkmal schuf.

Das Becken des Brunnens ist aus Granit geformt, der von einem Findling aus Esery im nahen Frankreich stammt. Die savoyardischen Arbeiter, die

zu spät erkannten, wozu er bestimmt war, riefen, dass, wenn der Stein nicht so schwer wäre, sie ihn sofort zurückholen würden!

Das andere Flachrelief zeigt eine Kampfszene mit den Heldinnen Lady Piaget und Mère Royaume im Hintergrund.

WARUM STEHT DER ESCALADE-BRUNNEN SO WEIT ENTFERNT VOM EIGENTLICHEN ORT DES ANGRIFFS DER SAVOYARDEN, DER 1602 AUF SO WUNDERSAME WEISE ABGEWEHRT WURDE?

Der adelige Savoyarde François de Sonnaz, der mit sieben Spähern die Mauer in der Nähe der Corraterie erkundete, kehrte zu seinen Kämpfern mit dem Ausruf zurück: „Genf schläft und ahnt nichts!" Der arme Sonnaz – er hatte nur noch ein paar Stunden zu leben, bevor er trotz des hohen Lösegeldes (sein Gewicht in Silber), das er bot, um seine Haut zu retten, aufgehängt wurde. Ein geeigneter Platz, um hier den Escalade-Brunnen aufzustellen.

DIE VERGESSENE HERKUNFT DER LÖWEN IN RUES-BASSES ⑩

Rue de la Confédération 5
• Tram 12, 16, 17, Haltestelle Bel-Air

Symbol einer Botschafter-Familie

Am Eingang der Rue da la Confédération Nr. 5 in Rues-Basses befindet sich ein Balkon, der von mächtigen Löwen gestützt wird. Der Bildhauer Jacques gestaltete sie zu Beginn des 20. Jhs. während der Bauarbeiten an der Einkaufsarkade, die der Architekt Adrien Peyrot in dem heruntergekommenen Block neu errichtete. Sie erinnern an die Löwen, die das Symbol der Botschafterfamilie Chapeaurouges waren und deren Residenz im 16. Jh. schmückten. Auf Fotografien vor 1906, also vor den Zerstörungen des gesamten Gebiets, ist ein kleiner Löwe auf der Innenhoffassade des alten Bautte-Hauses zu sehen.

Das später dort erbaute Hotel *Lion d'Or* („Goldener Löwe") erbte ebenfalls dieses Symbol und gab der überdachten Passage, die die Rues-Basses mit der

Rue du Rhône Nr. 4 verband, ihren Namen.

Dieselbe Adresse hatte das Gasthaus *Tour Perse* („Persischer Turm") – von der höheren Gesellschaft gern besucht –, wo 1532 der Reformer Farel übernachtete.

DAS MECHANISCHE GLOCKENSPIEL DER PASSAGE MALBUISSON

Passage Malbuisson
Die Passage verbindet die Place de la Fusterie, die Rue du Rhône und die
Rue du Marché
• Diverse Trams und Busse, einschließlich Nr. 10

Leider liegen keine Informationen zu dem bemerkenswerten, mechanischen Glockenspiel vor, das sich nahe der Fusterie in der Passage Malbuisson befindet. Dieses kleine Meisterwerk lässt zu jeder vollen Stunde 42 historische Figuren und 13 Wagen „vorbeimarschieren".

> *Ein Wunderwerk, das leider zu gut versteckt ist*

Viele Genfer wissen gar nichts von diesem Juwel – vielleicht, weil es sich in einer engen Gasse und etwa 3 m über dem Boden befindet. Sie müssten aufschauen, um die historische Prozession von Helden zu sehen, die Genf während der Escalade-Belagerung durch die Savoyarden 1602 verteidigten. Das Schauspiel dauert zwei Minuten und wird vom kristallklaren Klang von 16 Glocken begleitet.

Das Gemälde hinter der Prozession zeigt die Altstadt mit der alten Stadtmauer im Vordergrund. Es ist das Werk von Amédée Maget. Er ließ sich von Jean Auberts Stich „Aux Banderoles" („Zu den Bannern") inspirieren.

Das Zifferblatt wird durch eine Anzeige der Mondphasen ergänzt, während ein Kalender den jeweiligen Wochentag, das jeweilige Datum und den jeweiligen Monat angibt.

Der Uhrmacher Edouard Wirth entwarf 1962 diesen komplexen Mechanismus. Die Schriftzüge gestaltete Noël Fontanet, ein bekannter Plakatkünstler aus Genf, und die Gipsformen stammen von Barthélémy Crovetto. Der Kunstgießer Jean-Marie Pastori schuf die Bronzestücke.

Die vom Instrumentenbauer Pierre Vidoudez ausgewählten Melodien wurden vom Organisten und Carilloneur der Kathedrale, Pierre Segond, auf perforierte Rollen transkribiert.

Jeder trug mit seinem Talent dazu bei, ein außergewöhnliches Kunstwerk zu schaffen, das unbedingt mehr Aufmerksamkeit verdient hätte.

DAS UMSTRITTENE BASRELIEF AM MOLARD-TURM ⓬

Tour du Molard
• Tram 12, 16, 17, Haltestelle Place du Molard

> **Lenin – ein Symbol für Flüchtlinge?**

Nur wenige Genfer Bewohner beachten das auf halber Höhe der Vorderseite des Molard-Turms angebrachte Flachrelief mit der Inschrift „GENÈVE CITÉ DE REFUGE"

(„Genf, Stadt der Zuflucht"). Bei genauem Hinsehen erkennt man, dass es die Republik darstellt, eine Person mit schützenden Armen willkommen heißend, die niemand anders ist als ... Lenin!

Der 1591 erbaute Tour du Molard wurde mehrmals restauriert. Zuletzt in den Jahren 1906–1907, in denen sich der russische Revolutionär mit beginnender Kahlheit und Spitzbart in den einflussreichen Kreisen von Genf bewegte. Lenin, ein politischer Exilant, verweilte hier für längere Zeit, insbesondere 1903–1905 und 1907–1908. Das Flachrelief wurde dem Turm 1920 hinzugefügt.

Da keine Inschrift darauf hinweist, dass Lenin tatsächlich „Modell stand", bleibt die Frage, warum diese Information nicht verfügbar ist. Liegt es an der umstrittenen Entscheidung, Lenin zum Symbol der Tausenden von Flüchtlingen zu machen, die Genf im Laufe der Jahrhunderte aufgenommen hat? Einige Genfer fordern von Zeit zu Zeit provokant, einen der vielen anderen bekannten Flüchtlinge für dieses Andenken auszuwählen.

Lenin kam nach drei Jahren Verbannung in Sibirien in die Schweiz und entwickelte dort sein Konzept der revolutionären Partei. An seinem Domizil in der Rue Plantaporrêts 5, wo er sich zu dieser Zeit aufhielt, befindet sich eine Gedenktafel.

WOHER STAMMT DAS WORT „MOLARD"?

Der See reichte ursprünglich bis hierher und Anfang des 19. Jhs. gab es hier auch noch einen Handelshafen. „Molard" kommt vom französischen Wort *môle* und bezieht sich auf den Hafendamm, der die Einfahrt in den Hafen schützt.

EN TIU DOMO LOĜIS EN 1905
L. L. ZAMENHOF, INICIATORO
DE LA LINGVO ESPERANTO

DIE GEDENKTAFEL FÜR DEN ERFINDER DES ESPERANTO **⓭**

Rue du Vieux-Collége 12
Bus 8, Tram 16, Haltestelle Rive

„...nicht, weil er der Menschen Gedanken zusammenbrachte, sondern ihre Herzen"

In der geschäftigen Rue du Vieux-Collège befindet sich eine unauffällige Marmortafel an einem Eingang zu einer von Efeu überwucherten Treppe, die zu versperrten, rostigen Eisentoren führt.

Die in vertraut erscheinender und doch fremder Sprache verfasste Inschrift weist darauf hin, dass hier Ludovic Lazarus Zamenhof lebte, der „Erfinder des Esperanto".

Die kleine Stadt im russischen Teil Polens, wo Zamenhof 1859 geboren wurde, war das Zuhause von Deutschen, Polen, Russen und Juden. Umgeben von vielen Sprachen wuchs bereits in seiner Kindheit der Wunsch, sein Leben der Erfindung einer gemeinsamen Sprache für alle Menschen zu widmen. Es wird oft übersehen, dass die Entwicklung von Esperanto eine Pionierarbeit der Reformpädagogik war (eine Bewegung, die immer noch sehr aktiv ist und es sich zum Ziel gesetzt hat, den Weltfrieden voranzutreiben). 1887 konnte Zamenhof endlich eine Broschüre veröffentlichen, die die Grundprinzipien einer universalen Sprache enthielt. Er unterzeichnete sie als „Doctor Esperanto" (ein Hoffender). Im Laufe der Jahre gewann Zamenhof immer mehr Anhänger in Europa und

Amerika. Seine Konferenzen brachten Tausende Enthusiasten zusammen. Nach einer Zeit in Boulogne-sur Mer (1905) kam er nach Genf. In der Victoria Hall verkündete er: „Die ersten Esperantisten liebten Esperanto nicht, (...) weil es die Gedanken der Menschen zusammenbrachte, sondern ihre Herzen." Diese Kernaussage erhielt stehende Ovationen.

Im August 1914 sollte eine Konferenz in Paris abgehalten werden. Auf seinem Weg nach Frankreich wurde Zamenhof in Köln aufgehalten: Tagelang beobachtete er Soldaten, die den Rhein überquerten. „Er hatte die Bilder der Kämpfe bereits vor seinem inneren Auge. Sein Traum von Frieden und universaler Brüderschaft kam zu spät. Etwas in ihm zerbrach."

Zamenhof starb 1917, ohne das Ende des Krieges erlebt zu haben.

In der ersten Hälfte des 19. Jhs. lancierte der Engländer Peter Mark Roget, Sohn des Genfer Pastors John Roget, ebenfalls eine Kunstsprache, die als gemeinsame Sprache für alle Menschen gedacht war. Angesehener Arzt und Lexikograph, ließ der Autor des 1852 erschienenen, berühmten Werks "Roget's Thesaurus of English Words and Phrases" („Rogets Thesaurus der englischen Wörter und Phrasen") recht bald wieder von seiner Idee ab, zumal diese als Utopie abgetan wurde.

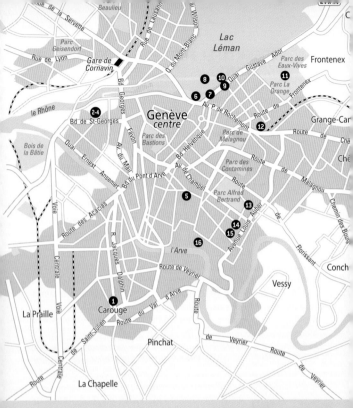

ALTSTADT

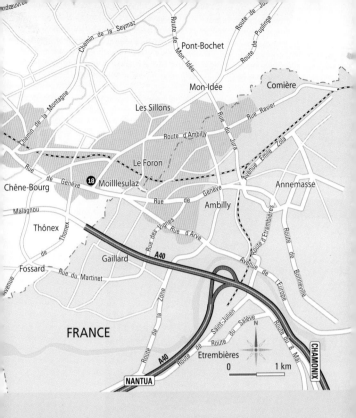

DIE GEHEIMEN GÄRTEN VON CAROUGE

- Führungen Juni–Oktober jeweils ab 11 Uhr, Dauer 75 Minuten
- Gianna Loredan: gianna@illico-travel.ch
- Tel.: +41 22 300 59 60
- Tram 13, 14, Haltestelle Place du Marché

> *Kleine Schmuckstücke zum Besichtigen*

Carouge besitzt Dutzende von Gärten – hinter hohen Mauern oder in Innenhöfen verborgen. Da hauptsächlich privat und streng bewacht, bieten Gartenfreunden nur organisierte Besichtigungstouren einen Zugang. Die Fülle an Gärten war Teil eines Konzepts, das in der zweiten Hälfte des 18. Jhs. von Architekten im Auftrag des Königreichs Sardinien umgesetzt wurde: Am anderen Ufer der Arve sollte eine neue Stadt entstehen (Carouge hatte nur siebzehn Häuser), die mit Genf konkurrieren konnte. Zwischen 1772 und 1783 kamen fünf Entwürfe zustande, wobei ein Raster mit ein- und zweistöckigen Gebäuden favorisiert wurde. Die meisten von ihnen erhielten Grünflächen hinter den zur Straße gerichteten Fassaden. Einige dieser von außen unsichtbaren Gärten sind großflächig angelegt, andere sehr klein, manche sind gepflegt andere romantisch vernachlässigt. Egal, ob perfekt erhalten oder Inseln im Großstadtdschungel – alle verzaubern ihre Besucher durch die Ungezwungenheit und dämpfen den Lärm der Stadt.

Einige wurden sogar in öffentliche Gärten umgewandelt, wie der des Rathauses. Die private Atmosphäre blieb trotzdem erhalten, denn er kann nur über den Innenhof des Verwaltungsbüros erreicht werden.

DIE HEILIG-KREUZ-KIRCHE MACHT EINE KEHRTWENDE

Das katholische Carouge ist noch immer ein Rivale des protestantischen Genf! 1777 wurde der Architekt Giuseppe-Battista Piacenza mit dem Bau der Heilig-Kreuz-Kirche – einziges Beispiel religiöser Barock-Architektur des Kantons – beauftragt. Ziel des Königreichs Sardinien war es, eine Art Gegenreformationskirche zu errichten. Die Pläne sahen einen von der Place du Marché abgewandten Chor vor, das Kirchenschiff sollte sich bis zur Place de Sardaigne erstrecken. Ein erster Abschnitt wurde 1780 geweiht. 1824, also acht Jahre nach Unterzeichnung des Vertrags von Turin, der die Stadt Carouge dem Kanton Genf zuteilte, erlaubte der geringe Baufortschritt noch weitere Anpassungen. Architekt Louis Bugatti übernahm das Projekt und setzte den Eingang der Kirche doch noch auf die Seite der Place du Marché. Wer würde heute die vor langer Zeit vollzogene Kehrtwende vermuten?

EIN SYMBOLTRÄCHTIGES KINO – GERETTET DURCH DEN WILLEN DER EINWOHNER

Das Bio-Kino ist so stark mit dem Erbe der Carougianer verbunden, dass sie wie Löwen kämpften, als sie befürchteten, es würde verschwinden. Nachdem es 2004 von der Stadt erworben wurde, ermöglichte eine Stiftung mit kreativen Lösungen die Renovierung. Die spektakulärste Idee war, Unterstützer einen der neuen Sitze sponsern zu lassen, von denen jeder den Namen einer internationalen Filmprominenz tragen sollte. Für eine Spende von tausend Franken könnten Sie also Ihren Namen oder den Ihres Unternehmens neben Alain Delon, Marilyn Monroe oder Marlon Brando platzieren! Außerdem wurden die alten, geschichtsträchtigen Sessel an Kinofans verkauft. Heute sind sie in lokalen Unternehmen zu finden oder schmücken wie Reliquien die Wohnzimmer der neuen Besitzer. Aber warum „Bio"? Das hat nichts mit Biologie oder der Biografie des carougischen Kinos zu tun, auch wenn man für eine Erklärung in der Geschichte graben muss. Unter den vielen Namen wie Ideal-Cinéma 1912, Chanteclair-Cinéma 1913–1915, Cinéma-Carouge 1920, Carouge-Cinéma 1928–1951, hatte der Name Vox (1952–1971) in den Augen des Eigentümers einen gravierenden Nachteil: In der Zeitung stand das Kinoprogramm in alphabetischer Reihenfolge und das Vox somit immer an letzter Stelle.

1972 kam der Gedanke auf, das Kino nach dem ersten, von Georges Demenÿ perfektionierten und von den Gebrüdern Lumière verwendeten Filmgerät zu benennen – dem „Biographe". Die Carougianer bevorzugten jedoch die kurze Version: „Bio".

Rue Saint-Joseph 14; Tram 13, 14, Haltestelle Place du Marché

BIO FÜR BIOGRAPHE, EINE ERFINDUNG VON GEORGES DEMENÿ

Georges Demenÿ ist eine leider vergessene Figur der Kinogeschichte, obwohl sein Beitrag zur „siebten Kunst" entscheidend war. Im französischen Douai geboren, entwickelte er zuerst das *Phonoscope* (1891) und dann den *Chronophotographe* mit einem exzentrischen Nocken (1894),

der es ermöglichte, dank einer Serie von Fotografien Bewegungen zu zerlegen und zu analysieren.

Auf einer Mission in Schweden hatte Demenÿ mit dem *Chronophotographe*, der zum *Biographe* wurde, großen Erfolg, weshalb die Schweden immer noch sagen: „Ich gehe ins Bio."

CALVINS VERMUTETES GRAB

Friedhof Plainpalais, Cimetière des Rois
• Bus D, 4, 15, Haltestelle Stand

John Calvin starb am Samstagabend, dem 27. Mai 1564. Mit 55 war er bereits ein alter Mann, der an Geschwüren, Gicht, Rheumatismus und Nierensteinen litt.

Alles, was Calvin fürchtete

Irdische Ehren lehnte er ab und bat um eine Beerdigung ohne Lobeshymnen. Auch seine Grabstelle sollte nicht auffindbar sein. Eingewickelt in groben Stoff, wurde sein Leichnam auf dem Friedhof Plainpalais bestattet. Wo? Niemand weiß es.

Erst 1840, 276 Jahre nach seinem Tod, setzte man einen schuhkartongroßen Stein mit den Initialen JC an jene Stelle, wo sein Grab vermutet wurde, unter einer der vier Weiden, die laut der Geschichte dort gepflanzt worden waren. In Wahrheit muss Calvin jedoch dort begraben liegen, wo damals ausschließlich Geistliche und Professoren ihren letzten Ruheplatz fanden: bei den antiken Grabsteinen am Fuß der Mauer (im rechten Winkel zum vermuteten Grab).

1999 ließ ein Beamter trotz heftiger Proteste hartgesottener Genfer das vermeintliche Grab mit einem schmiedeeisernen Geländer einrahmen, um eine Touristenattraktion zu schaffen. Er nahm keine Rücksicht auf den

Wunsch des großen Reformators, dem über 400 Jahre entsprochen wurde.

Der Stein mit den Initialen wurde zentriert, niedrige Büsche gepflanzt und Steinplatten angelegt, sodass neugierige Besucher nicht im Schlamm laufen müssen. Eine Tafel mit einer ausführlichen Beschreibung vervollständigt die Pilgerstätte. All dies wollte Calvin vermeiden.

IN DER NÄHE ZU BESICHTIGEN:

DAS GRAB VON GRISÉLIDIS RÉAL, GENFS BERÜHMTESTER PROSTITUIERTER

Ungefähr 30 m von Calvins Grab entfernt liegt Grisélidis Réal, die berühmteste Genfer Prostituierte und Autorin von *La Passe imaginaire* (gesammelte Briefe an einen Freund; *la passe* bedeutet in der Umgangssprache die kurze Zeit mit einer Prostituierten). Im Jahr 2009 sorgte die Überführung ihrer sterblichen Überreste zum Friedhof Plainpalais, dem Genfer Pantheon, für Aufsehen.

DAS GRAB DES FREIMAURERS GEORGES FAVON ❹

Friedhof Plainpalais, Cimetière des Rois
• Bus 32, Haltestelle Savoises

Vom ungeschliffenen zum polierten Stein: Der Mensch muss an sich arbeiten

Auf den Genfer Friedhöfen gibt es viele unbehauene Felsen, die die Gräber überragen, auch im jüdischen Friedhof von Veyrier (siehe Seite 225). Sie symbolisieren die starke Bindung der Verstorbenen an die Berge.

Auf Georges Favons Grab im Cimetière des Rois (Friedhof der Könige) steht eine besondere Komposition: ein Steinhaufen, der von einem mächtigen Felsblock überragt wird und die Insignien der Freimaurerloge *Fidelité et Prudence* trägt, deren Ehrenmeister er zwischen 1893 und 1895 war (initiiert am 8. Mai 1880, im Alter von 37 Jahren). Georges Favon, ein radikaler Anhänger des Sozialismus, beriet von 1899 bis 1902 die lokale Regierung und trug zu großen Fortschritten im Sozialsystem bei.

Die Loge war 1871 durch Fusion der Logen *Fidelité* und *Prudence* entstanden und gehört zu der 1844 gegründeten Schweizerischen Großloge Alpina, welche die ausschließlich männliche „reguläre Freimaurerei" repräsentiert. Sie ist von der Vereinigten Großloge von England anerkannt (diese erkennt nur eine Großloge in jedem Land an). Die eigene Verfassung sowie Statuten und Vorschriften folgen dem Prinzip der absoluten Freiheit des Bewusstseins, das „alle aufrichtigen Überzeugungen respektiert und jeden Widerstand gegen die Gedankenfreiheit verurteilt", um damit dem „großen Architekten des Universums" die Ehre zu geben.

Der unbehauene Grabstein verkörpert das Bild des ewigen Lehrlings der initiatorischen Freimaurerei: Er zeigt die menschliche Unvollkommenheit, die der Freimaurer unter Anwendung des Winkelmaßes der moralischen Überlegenheit und des Zirkels der spirituellen Weisheit bei sich selbst korrigieren muss mit dem Ehrgeiz, ein polierter Stein zu werden – ein vollkommenes Wesen, das würdig wäre, ein lebendiger Stein des Tempels des Himmlischen Jerusalem oder des Ewigen Orients zu sein. Dorthin sei Georges Favons Seele zurückgekehrt, um sein politisches Leben in der Gesellschaft mit der sozialen Ideologie der Freimaurerei in Übereinstimmung zu bringen.

Mit rohem Stein beginnt jeder Bau. Seine Einzigartigkeit zeigt sich dann, wenn er – durch harte Arbeit von seiner Rohform befreit, poliert und geglättet – ein Teil des Bauwerks wird. Trotz der Veredelung verliert er nichts von seiner Individualität, denn je nach eingesetztem Baumaterial wird er eine unverwechselbare Rolle im fertigen Gebäude spielen.

Da Steine sehr unterschiedlich beschaffen sind, bedeutet die Arbeit am rohen Stein, mit unterschiedlichem Material umzugehen. Dies lässt sich sinngemäß auch auf die körperliche und geistige Aktivität des Menschen übertragen.

Die raue Oberfläche eines Steines absorbiert das Licht. Der Lehrling als unbehauener Stein ist noch nicht soweit, das Wissen zu reflektieren, das durch den Geist der Freimaurerei empfangen wurde. Nur nach eingehender Bearbeitung und Verwandlung in polierten Stein kann seine nun glatte Oberfläche das Wissen reflektieren. So erlangt der ehemals ungeschliffene Stein Stärke (da er sich mit anderen verbinden kann), Schönheit (dank seiner harmonischen Form) und Weisheit (indem er Wissen reflektiert, kann es übertragen werden).

1736 gründete der schottische Freimaurer George Hamilton die erste Schweizer Loge unter dem Namen „Freie Gesellschaft der Vollkommenheit". Einige Engländer gründeten später die „Perfekte Union der Ausländer in Lausanne". 1769 schlossen sich ein Dutzend Logen zur Großen Loge in Genf zusammen. Die Schweizerische Großloge Alpina wurde erst nach dem Zweiten Weltkrieg von der Vereinigten Großloge von England als „regulär" anerkannt.
Derzeit koordiniert sie 83 Logen mit rund 4.000 Mitgliedern.

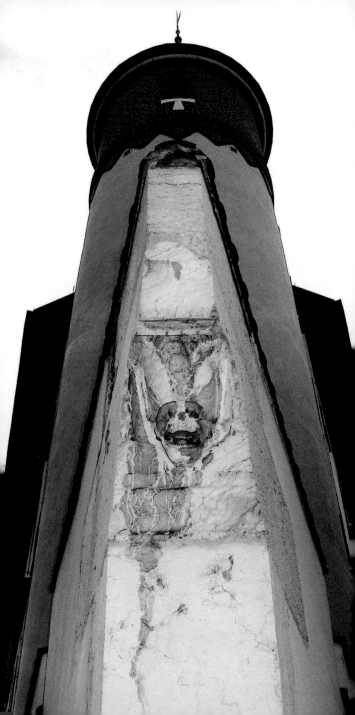

DER FREIMAURER-TURM VON BLAVIGNAC

Rue de la Tour 1
• Bus 1, Haltestelle Lombard

1965 erwarb die Stadt im Rahmen der Pläne zur Sanierung des Viertels den fast zerstörten Blavignac-Turm. Ein Aufschwung in der Denkmalpflege führte schließlich zur vollständigen Restaurierung zwischen 1995 und 1997.

> „Der stärkste Turm ist der Name Gottes"

Der Turm war ein architektonisches Wagnis. Einen solchen Bau auf einem so engen Grundstück zu errichten – ein polygonaler Grundriss in Form eines Keils – war riskant. Jean-Daniel Blavignac, der berühmte Architekt, der vor allem an der Restaurierung der Kathedrale St. Peter beteiligt war, ruinierte sich damit in den Jahren 1859 bis 1862.

Blavignac war eine gequälte Seele. Als Protestant wandte er sich dem Katholizismus zu, von dem er sich vor seinem Tod 1876 wieder abwandte. Stattdessen trat er der Freimaurerloge *Fidelité et Prudence* bei. Deshalb ist der von ihm erschaffene Turm mit freimaurerischen Symbolen übersät. Unter den Fenstern, kunstvollen Traufen und Schlusssteinen finden sich das Winkelmaß und der fünfzackige Stern.

Im Giebel einer Tür steht ein von zwei kleinen Templerkreuzen umrahmter Satz: Turris Fortissima Nomen Domini („Der stärkste Turm ist der Name Gottes"). Dieser Mann, der von der Heraldik fasziniert war, suchte sein

Leben lang nach Gott und wandte sich von den Menschen ab. Eine Einstellung, die ihm schließlich vor seinem Tod im Alter von 59 Jahren tiefe Einsamkeit bescherte.

Ursprünglich war der Turm mehr als eine freimaurerische Begegnungsstätte; auch Wohnungen und Geschäfte gehörten dazu. Fragmente einer Inschrift über einer Tür zur Straße weisen darauf hin, dass sich hier 1867 eine Bäckerei befand.

Heute nimmt eine Maison de Quartier (Gemeinschaftszentrum) einen Teil des Blavignac-Turms ein.

DIE SAVOYARDINNEN DES NATIONALDENKMALS

Quai du Général-Guisan
• Bus 8, 9, 27, Haltestelle Jardin Anglais

Als der Bildhauer Robert Dorier dralle Frauen aus Savoyen als Modelle wählte, um den Eintritt Genfs in den Schweizer Bund zu symbolisieren, hätte er wissen müssen, dass dieses „Geheimnis" früher oder später offenbar werden und Gelächter und Hohn ernten würde. Das Nationaldenkmal mit Statuen zu errichten,

> *Savoyardische Frauen repräsentieren Genf und die Schweiz!*

die den jahrhundertealten Feind zeigen, war in der Tat eine Unverschämtheit.

Robert Dorier wurde 1830 in Baden im Kanton Aargau geboren. Da er zum Teil in Frankreich Karriere machte (auf dem Friedhof Père-Lachaise in Paris schmückt ein von ihm signiertes Medaillon das Grab des Nationalgardisten Constant Séraphin Demion), scheint er seinen ursprünglichen Namen französisiert und von „Dorer" zu „Dorier" geändert zu haben. Es ist auch wahrscheinlich, dass sich Dorier einfach an seinen gewohnten savoyardischen Modellen orientiert hatte, als er den Auftrag für die Genfer Statuen erhielt – wohl in der Hoffnung, dieses „Detail" würde übersehen werden ...

Die Skulptur wurde am 20. September 1869 hinter der Blumenuhr im Jardin Anglais eingeweiht – fünf Jahre nach dem ursprünglich fixierten Datum. Schwere Ausschreitungen wegen einer Wahlfälschung am Tag vor der geplanten Zeremonie verursachten die Verzögerung.

DER BRUNNEN IM JARDIN ANGLAIS ❼

• Linien 2, 6, 7, 9, Haltestelle Métropole

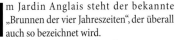

Kein Brunnen der Jahreszeiten!

I m Jardin Anglais steht der bekannte „Brunnen der vier Jahreszeiten", der überall auch so bezeichnet wird.

Die vier Figuren, die den Brunnen umgeben, können jedoch unmöglich die Jahreszeiten darstellen (der Winter würde zum Beispiel keine Kleider tragen ...): sehen Sie sich doch die allegorische Gruppe einmal genauer an! Die ständig wiederholte, falsche Interpretation stammt aus einem 1928 erschienenen Werk von Edmond Barde mit dem Titel *Parcs et jardins publics de Genève*. Ein weiterer Irrtum: Die Arbeit wird dem Pariser Alexis André zugeschrieben. Der Brunnen wurde jedoch 1863 installiert, während André 1858 geboren wurde – er wäre zu diesem Zeitpunkt erst 5 Jahre alt gewesen.

Der Schöpfer dieses Brunnens heißt Mathurin Moreau (1822–1912), Bildhauer und Direktor einer Gießerei in Osne-le-Val. David Ripoll, der eine historische Studie zu diesem Thema veröffentlicht hat, stellt fest, dass der Brunnen im Jardin Anglais sowohl ein Kunstwerk als auch ein gusseisernes Industrieprodukt ist, das aus einem Katalog bestellt werden kann. Das erklärt, warum dieser Stil in vielen französischen Städten (einschließlich Lyon, Troyes, Angers, Tours) sowie im Ausland (Boston, Lissabon, Buenos Aires, Salvador de Bahia, Cordoba) häufig zu finden ist.

Wer sind dann die vier Charaktere – zwei Männer und zwei Frauen –, die den Brunnen zieren? Ein Blick in den Originalkatalog, in dem Mathurin Moreau mythologische Figuren darstellt, gibt Aufschluss: Galateia und ihr Liebhaber, der Hirte Akis sowie Poseidon, Gott des Meeres, und seine Frau Amphitrite.

Zwischen jedem Paar finden sich Dekorationen in Form von gewundenen Seilen, ein Poller, eine Pinne, eine Harpune, ein Ruder ... Moreau wollte an das Mittelmeer und die Welt der Nereiden erinnern – die Meeresnymphen, von denen die berühmtesten tatsächlich Amphitrite und Thetis, Achilles' Mutter, sind. Eine große Schale, die Galateias Hand berührte, wurde nach 2007 entwendet. Ein Bündel Waren scheint auf den Seehandel hinzuweisen. Im ersten Becken halten sich vier Kinder an den Händen. Sie sind ebenfalls von Symbolen des Wassers umgeben: einem Fischernetz und Seerosen, einem Ruder, aber auch einem Weizenkorn.

In der griechischen Mythologie floh Galateia vor der Liebe des Zyklopen Polyphem – sie zog ihm den sizilianischen Hirten Akis vor. Dieser wurde von einem Stein getroffen, der von seinem eifersüchtigen Rivalen geschleudert wurde, und sein Blut verwandelte sich in einen Fluss, der am Fuße des Ätna floss. Amphitrite – begehrt von Poseidon – entkam ... Aber ein Delfin brachte sie dem Meeresgott zurück und so wurde sie Tritons Mutter.

DIE KLEINEN GEHEIMNISSE DER GENFER WASSERFONTÄNE ⑧

Der berühmte Genfer Springbrunnen mit seiner Höhe von 140 m ging 1891 im Hafen in Betrieb. Die Freude trübte sich bald, denn wegen eisiger Winde musste er öfters ausgeschaltet werden. Seine Fontäne ist zudem nicht die höchste der Welt: Dieser Rekord gehört Jeddah in Saudi-Arabien mit 312 m. Dennoch ist der Schweizer Springbrunnen der erste seiner Art. Das Geheimnis seiner Schönheit – wie der Besitzer Services Industriels de Genève (SIG) hervorhebt – ist eine Düse, die einen Wasserstrahl mit einem Durchmesser von 16 cm ausstößt, während eine andere Düse das Wasser mit Millionen von Luftblasen anreichert, die die weiße Gischt erzeugen. Acht Flutlichter verleihen der Fontäne je nach Anlass unterschiedliche Farben. Der Brunnen wird von fünf pensionierten SIG-Mitarbeitern ehrenamtlich betrieben. Wenn die Temperaturen auf null Grad fallen oder plötzlich lebhafter Wind aufkommt, müssen sie schnell handeln. Das Timing ist entscheidend: zu schnell und Genfs Touristen sind verärgert, zu langsam und die Maschinerie könnte beschädigt werden. Fontänenwärter: ein einzigartiger Beruf!

Der Ursprung der Genfer Wasserfontäne geht auf den Bau einer Wasserkraftanlage in Coulouvrenière im Jahre 1886 zurück. Die Anlage verteilte die Triebkraft der Rhône an lokale Handwerksbetriebe. Wenn sie am Ende jedes Tages ihre Maschinen stilllegten, baute sich Wasserdruck auf. Ein Sicherheitsventil half, den Überdruck wieder abzubauen. Dieser Vorfahre der Genfer Fontäne erreichte eine Höhe von 30 m. Als der Springbrunnen zunächst in den Hafenbereich verlegt wurde, erreichte der Strahl eine Höhe von 90 m. Seitdem sind weitere 50 m hinzugekommen, aber aufgrund der städtischen Umgebung ist eine weitere Steigerung unmöglich, da sonst die gesamte Umgebung besprüht würde.

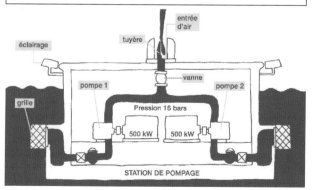

PRIVATE BOOTSFAHRT AUF DER „NEPTUNE" ❾

Quai Marchand des Eaux-Vives (linkes Ufer)
Fondation Neptune
Abteilung für räumliche Entwicklung
Bereich Natur und Umwelt
Rue des Battoirs 7
• Tel.: +41 22 388 55 44

Segeln auf dem Genfer See wie in alten Zeiten

Jedes Mal, wenn die „Neptune" vom Pier des Genfer Sees ablegt und ihre weißen Segel entfaltet, ist es ein Spektakel. Dieses majestätische Boot (27,3 m lang und 8,5 m breit und 1904 in Locum bei Meillerie in der Region Haut-Lac gebaut) wurde zum Transport von Steinen und Baustoffen verwendet. 1971 erstand es die Genfer Regierung in einem schlechten Zustand.

Noch während der Diskussion über sein Schicksal im Jahr 1972, sank das Boot wegen eines Lecks im verrotteten Rumpf. Die letzte Instandsetzung kostete 2,4 Millionen Franken und wurde 2004 bis 2005 durchgeführt.

Seit 2006 kann dieses prachtvolle Boot für private Veranstaltungen gemietet werden. Die einzige Bedingung ist, dass zum Segeln die Kapazität auf 35 Personen begrenzt bleibt (90 mit Motorbetrieb). Jedes Jahr führt die „Neptune" rund hundert bezahlte Ausflüge durch, die eine Stunde bis einen ganzen Tag dauern können und die Betriebs- und Wartungskosten decken.

DIE MARKIERUNG
AUF DEM PIERRE DU NITON

❿

Quai Gustave-Ador
• Bus 6, 8, 9, Haltestelle Place-du-Port

> *Der offizielle Referenzpunkt der Schweizer Kartographie*

Die Genfer kennen die Pierres du Niton („Neptunsteine"), wissen aber oft nicht, dass der vom Ufer weiter entfernte der beiden erratischen Blöcke als Bezugspunkt für Höhenmessungen in der Schweiz diente. Ein am flacheren der beiden Steine eingelassener Bronzebolzen markiert dessen Höhe von 373,6 m über dem Meeresspiegel (basierend auf dem durchschnittlichen Niveau des Mittelmeers). Der Genfer Ingenieur Guillaume-Henri Dufour (Porträt unten) gab dem Stein die Ehre, als Höhenmesser zu fungieren. Er nutzte diese geodätische Markierung zuerst für die Konstruktion des Gustave-Ador-Piers entlang des Sees. Nachdem Dufour Oberst der

Schweizer Armee geworden war, entwickelte er zwischen 1845 und 1864 mit Hilfe dieses Fundamentalpunktes eine Reihe von Landkarten der Schweiz („Dufourkarten"). Zu dieser Zeit betrug die Referenzhöhe des Pierre du Niton 376,86 m. Auf der Grundlage von späteren Vermessungsarbeiten, die Frankreich im 19. Jh. an der Marseille-Pegelstufe – dem Bezugspunkt der französischen Höhenmessung – durchgeführt hatte, wurde die Höhe des Pierre du Niton von J. Hifiker neu berechnet und 1902 auf 373,6 m korrigiert. Genf musste also um 3,26 m abgesenkt werden!

ALS GARGANTUA MIT STEINEN SPIELTE

Der Legende nach spielte der Riese Gargantua mit Steinen und warf dabei zwei vom Mont Salève in den Hafen. Niton ist angeblich eine Abwandlung vom gallischen Gott Neith oder dem römischen Gott Neptun. Auf dem großen Stein befindet sich ein quadratisches Loch, und 1660 wurden zwei Äxte und Messer aus der mittleren Bronzezeit (1500–1200 v. Chr.) entdeckt. Dies führte zu der Hypothese, dass die beiden Steine offenbar eine rituelle und spirituelle Rolle spielten. Für Wissenschaftler sind die Pierres du Niton einfach Felsen, die der Rhône-Gletscher während der letzten Eiszeit hinterlassen hat.

DAS BANNER DER „ABSTINENTEN FRAUEN" ⑪

Buvette du Parc de la Grange
Avenue William-Favre 19
- Tel.: +41 22 736 33 49
- Täglich ab 1. April 11 Uhr bis Parkschließung
- TPG, Busse 2, 6, E und G entlang des Seeufers; Busse 9, 33 und A

Erinnerung an den Kampf gegen Alkoholmissbrauch

Über dem Ladentisch der Snackbar in einer Ecke des Parc de la Grange hängt ein Banner mit der Aufschrift „Schweizerischer Bund Abstinenter Frauen, Sektion Genf". Eine Aufforderung für Spaziergänger, über den Missbrauch von Alkohol nachzudenken.

Der Bund wurde 1902 von einer Reihe tugendhafter Frauen gegründet und setzte sich gegen den Alkoholmissbrauch und seine schrecklichen Auswirkungen ein. Begonnen hatten damit bereits in den 1880er-Jahren der Basler Professor Gustav von Bunge und die Waadtländer Hygienikerin Auguste Forel.

Der Kampf hatte seine Höhen und Tiefen: Im Jahr 1908 hatten die Menschen dem Verbot von Absinth noch zugestimmt (dies wurde 2005 aufgehoben),

1929 jedoch lehnten 67 Prozent eine Initiative ab, die Kommunen die Macht geben wollte, Alkohol zu verbieten.

Gegen Ende des 19. und zu Beginn des 20. Jhs. zählte die Antialkoholismus-Gruppe zu den wichtigsten sozialen Bewegungen in der Schweiz mit zeitweilig etwa 60.000 Mitgliedern.

Heute noch ist die Snackbar ein Zeugnis für den unermüdlichen Einsatz: Es werden nur Fruchtsäfte und Limonaden ausgeschenkt.

Der Lokalpolitiker William Favre übergab 1917 den Parc de la Grange der Stadt Genf, die die Verwaltung und den Betrieb des Kiosks dem Schweizerischen Bund Abstinenter Frauen übertrug. Auf dem gleichen Grundstück befinden sich Reste einer zwischen 50 und 60 n. Chr. erbauten römischen Villa.

DAS HAUS DER PFAUEN UND DAS HAUS DES PAN

Avenue Pictet-de-Rochement 7–8
• Tram 12, 16, 17, Haltestelle Villeruse

> **Warum stehen Pfauen und der Gott Pan einander gegenüber?**

Sie stehen einander in der Avenue Pictet-de-Rochemont im Viertel Eaux-Vives gegenüber: das „Pfauen-Haus" (Maison des Paons) auf Nr. 7 und das „Pan-Haus" auf Nr. 8. Beide Gebäude illustrieren ein Wortspiel der Architekten, das sich auf deren *pans coupés* („abgeschnittene Ecken") bezieht.

Das Pfauen-Haus ist das berühmtere. Die Verzierung besteht aus Steinpfauen, die Rad schlagen und sich auf ihr typisches „Kreischen" vorbereiten, wie der Ruf des Vogels bezeichnet wird. Die Fenstereinfassungen sind überladen mit Skulpturen und Pflanzenornamenten (Foto unten).

Was das Pan-Haus betrifft, so wird sein Eingang von zwei Köpfen des Gottes Pan mit seinen Widderhörnern und dem Kopfschmuck aus Weinlaub und Trauben gekrönt (Foto links). Der Rest des Hauses ist einfach gehalten.

Die beiden 1902 und 1903 von den Architekten Ami Golay und Eugène Cavalli gleichzeitig erbauten Gebäude sind die eindrucksvollsten Beispiele des Jugendstils in Genf (Skulpturen von Emile-Dominique Fasanino und Eisenschmiedekunst von Alexandre Vailly). Dennoch ein gemäßigtes

Beispiel, da die üppige Verzierung an der Fassade der Nummer 7 eine gewisse calvinistische Zurückhaltung gegenüber französischen Gebäuden des gleichen Stils aufweist.

Obwohl das Pfauen-Haus seit 1986 unter Denkmalschutz steht, zerbröckelt langsam der Stein der Fassade. Die Luftverschmutzung in der Stadt trägt ihren Teil zur Verschlechterung des Zustands bei.

DER GOTT PAN: URSPRUNG DES WORTES „PANIK"

Der Gott Pan, dessen Name „alles" bedeutet, beschützte ursprünglich Ziegenherden und ihre Hirten. Deformiert, haarig und monströs mit seinen Ziegenhufen, war er das Gespött aller griechischen Götter des Olymp. Der Gott der Fruchtbarkeit und Sexualität, rücksichtslos in seinen Gelüsten und von erschreckender Erscheinung – der Ursprung des Wortes „Panik" – war auch ein Heiler und der Erfinder der Panflöte – dieser berühmten Flöte, die aus unterschiedlich langen Stücken Schilf besteht.

DER „WINDBAUM" IN CHAMPEL

Avenue Louis-Aubert/Avenue Peschier 41
• Bus 21, Haltestelle Peschier; Bus 8, Haltestelle Louis-Aubert

*Ein neues
ökologisches
Konzept*

In der Avenue Louis-Aubert zieht eine merkwürdige Konstruktion die Aufmerksamkeit der Passanten auf sich: der erste Schweizer „Windbaum". Jedes der 63 Metallblätter ist mit einer Mikroturbine ausgestattet, die an einen Generator gekoppelt ist. Eine sanfte Brise mit fünf oder sechs km/h genügt, um durch die entstehende Vibration richtig grünen Strom zu erzeugen. Wenn Sie einen dieser Windbäume in Ihrem Garten installieren, liefert er ca. 4.000 Watt und deckt etwa 80 % des Bedarfs an elektrischem Strom einer vierköpfigen Familie ab (ohne Heizung). Alternativ könnten 100 m² Bürofläche beleuchtet werden. Und alles lautlos - es gibt keine Propeller, Antriebsriemen oder Zahnräder.

Der Konstrukteur Jérôme Michaud-Lariviere erläutert: „Betrachten Sie es nicht nur als Windturbine!" Gegenwärtig hält der hohe Preis (über 50.000 Franken) noch viele Menschen davon ab, sich einen Windbaum im Garten zu installieren. Aber die Idee verbreitet sich auf der ganzen Welt und eine Massenproduktion würde die Kosten senken. Wer weiß? Vielleicht werden diese Bäume irgendwann auf den Dächern von Wohnblöcken oder neben städtischen Gemüsegärten „gepflanzt".

Der Windbaum in Champel wurde vom Designer Claudio Carlucci entworfen, einem Genfer Enthusiasten, der sich bereits Vogelhäuser zwischen den flüsternden Zweigen dieser 10 m hohen Bäume, Ladestationen für E-Bikes im „Baumstamm" oder sogar leuchtende Totempfähle vorstellen kann ...

KEINE GEDENKTAFEL AM HAUS VON CÉLINE ⑭

Avenue de Miremont 35 D
• Bus 3, Haltestelle Miremont

> **Der antisemitische Schriftsteller konnte in Champel nicht geehrt werden**

Céline, ein brillanter Schriftsteller, aber gehässiger Antisemit, verbrachte mehrere Jahre in Genf. Von der Rockefeller Foundation in das Hygiene-Institut von Ludwik Rajchman berufen, wurde er schließlich vom Völkerbund als Arzt angestellt. Louis-Ferdinand Destouches, wie sein richtiger Name lautete, wohnte von 1924 bis Dezember 1925 im damaligen Hotel La Résidence in Florissant. Anschließend bezog er eine Wohnung in Champel am unteren Ende der Avenue Miremont: zwischen Nr. 33 und 35 auf dem kleinen Platz, der als „Le Château" bekannt ist. Dort, im Erdgeschoss der Nummer 35 D, schrieb er die ersten drei Akte seines Stücks *L'Église* (*Die Kirche*). Er verließ Genf im Juni 1927.

Im Jahr 2007 wollte die belgische Monatszeitschrift *Bulletin célinien* mit einer am Haus angebrachten Gedenktafel an diese Epoche aus Célines Leben erinnern. Sie erhielt die Zustimmung des Eigentümers, der die Tatsache begrüßte, dass somit in der Schweiz einer der größten Schriftsteller des 20. Jhs. geehrt werden konnte, als dies in Frankreich noch undenkbar schien.

Bekannterweise unterschrieb Céline widerliche Texte gegen Juden und behauptete, „Freund von Hitler", Rassist und Kollaborateur zu sein.

Am Ende scheiterte das Vorhaben daher. Ein anonymer Brief öffnete dem Eigentümer von Nr. 35 D die Augen. Vermutlich hatten Célines Bewunderer ein wichtiges Detail übersehen: Champel hat eine große jüdische Gemeinde, und einen antisemitischen Schriftsteller in diesem Stadtteil zu ehren, wäre eine schmerzliche Provokation gewesen.

DIE FAUNE IN DER AVENUE DE MIREMONT 33 UND 35

• Bus 21, Haltestelle Crêts-de-Champel; Bus 3, Haltestelle Miremont

1910 erbauten die Architekten A. Boissonnas und E. Henssler auf dem Plateau von Champel die Häuser Avenue de Miremont Nr. 33 und 35. Paul Moullet, ein wenig bekannter Künstler, der hauptsächlich in Frankreich Denkmäler für die gefallenen

Kinderfressende Ungeheuer

Soldaten des Krieges von 1914–1918 schuf (etwa in den Dörfern Gorrevod und Jayat, beide in der Ain-Region), verzierte die Fassaden mit unheimlichen Skulpturen.

Das erste Gebäude schmücken Faune mit Ziegenhörnern und -hufen, die als Atlanten den Balkon stützen. Mit ihren weit auseinanderstehenden Schneidezähnen, verschlingen sie Babys aus einem Korb zwischen ihren Beinen.

Das zweite Gebäude zeigt über dem Eingang ein Paar von hinten. Der Mann trägt Helm und Rüstung, die Frau eine Flügelhaube. Auch hier beobachten zwei Faune mit verschränkten Armen die Passanten. Eine Frau mit traurigem Mund vervollständigt die Szene.

Aus welchem Grund hat der Besitzer, ein gewisser Hoelscher, diese Märchenbilder in Auftrag gegeben? Die besten Architekturhistoriker Genfs versuchten, diese Frage zu beantworten, aber ohne Erfolg. Vielleicht hängt es mit persönlichen Erinnerungen oder Familiengeheimnissen zusammen? Wir können sehen, dass nur eines der Kinder dem Korb des Ungeheuers entkommt, indem es an einem Seil herunterrutscht ...

Eine kleine Anmerkung: Im Schweizerischen Architekturinventar (*L'inventaire Suisse d'Architecture* (INSA) 1850–1920) sind den seltsamen Häusern in Champel ein paar Zeilen gewidmet: Sie geben an, auf diesen Fassaden würde es spuken.

CHAMPEL: EINE HINRICHTUNGSSTÄTTE IN DER RUE BEAU-SÉJOUR

In Champel pflegte der Scharfrichter seine Arbeit am oberen Ende der heutigen Rue Beau-Séjour auszuführen (der Straßenname bedeutet ironischerweise „schöner Aufenthalt"). Da die Genfer das Schauspiel der Exekutionen sehr schätzten, musste der Platz mehrmals vergrößert werden. Der berühmteste hingerichtete Häftling war Michel Servet, der die christliche Dreieinigkeit ablehnte. Er wurde am 27. Oktober 1553 auf dem Scheiterhaufen verbrannt, doch wegen des nassen Brennholzes dauerte der Todeskampf Stunden. Dieses Vorkommnis plagte das Gewissen der Genfer Protestanten. Schließlich platzierten sie 1903 zum Zeichen ihrer Reue eine Stele am Ort der Hinrichtung. Ab Anfang des 18. Jhs. wurden die Galgen von Champel nicht mehr benutzt, aber ihr grauenvoller Anblick verzögerte die Besiedlung des Stadtteils.

DER ALTE TURM VON CHAMPEL

16

Chemin de la Tour-de-Champel 15
• Bus 3

*Die Mode,
Ruinen zu bauen*

Ende des 18. Jhs. kamen in England künstliche Ruinen in Mode und dieser Trend verbreitete sich schnell in anderen Teilen Europas. Die wohlhabende Klasse schmückte ihre Gärten mit Abstrusitäten wie den Resten einer Kapelle, unvollendeten Türmen oder Andeutungen von Burganlagen mit Zinnen.

Der Turm von Champel, zwischen 1877 und 1878 erbaut, wurzelte in dieser Begeisterung. Seine Schöpfer wollten für die Kurgäste der nahe gelegenen Bains de l'Arve einen Aussichtsturm bieten.

Die Grundfläche des 17 m hohen Turms beträgt nur etwa 12 m²; die winzige Plattform auf der Spitze bietet einen Panoramablick auf die Stadt, zum Salève und in das Jura (früher an klaren Tagen auch auf das Fort-de-l'Ecluse, aber das ist derzeit nicht möglich).

Die Erhaltung dieser fast vollständig zerstörten Ruine war kostspielig. 1996 begannen Restaurierungsarbeiten, die sich jedoch auf das Äußere beschränkten. Es ist immer noch nicht möglich, die enge Treppe zu betreten. Wissbegierige müssen sich damit begnügen, an der Außenseite dieses Märchenturms entlangzuwandern und die Reste von zwei Basreliefs zu studieren.

Der Genfer Schriftsteller Marc Monnier beschrieb 1882 den Turm von Champel so: „Es ist eine moderne Ruine, die aus alten Materialien genial konstruiert wurde. Oben ist die Aussicht hervorragend. Von dort gelangt man über eine schwindelerregende Treppe auf die Spitze eines Wachtturms, der wie eine Laterne seitlich angehängt ist."

FRANKENSTEIN – EIN OKKULTER ROMAN, ENTSTANDEN IN COLOGNY

Im Sommer 1816 kam Mary Wollstonecraft Godwin, eine 19-jährige Engländerin, mit dem Dichter Percy Shelley, 24, nach Genf. Sie waren auf der Flucht, da Shelley bereits verheiratet war. Mary schloss sich ihrer Halbschwester Claire Clairmont an – Lord Byrons Geliebte, die eines Tages die Villa Diodati in den Hügeln von Cologny mietete. Um die Langeweile zu vertreiben, die das schlechte Wetter mit beständigem Regen hervorrief, schlug Byron vor, jeder solle eine gruselige Geschichte schreiben. Die beiden Männer gaben das Vorhaben schnell auf, aber Mary schrieb weiter. Bald darauf nahm ihr Manuskript die Größe eines Buches an. Der Held war Frankenstein, ein Mann, der die Essenz des Lebens stahl und ein neues Wesen im Dienste der Menschheit erschaffen wollte. O weh! Das Experiment schlug fehl! Frankenstein schuf ein seelenloses Monster, zusammengeflickt aus verschiedenen Körperteilen aus Leichenhäusern und Friedhöfen. *Frankenstein* ist eigentlich ein okkulter Roman. Mary Shelley griff auf Beschreibungen des Alchemisten und Kabbalisten Cornelio Agrippa (1486–1535) zurück, den sie in ihren Arbeiten über die alte Golem-Legende zitierte: Ein Gelehrter erweckt mit einem magischen, kabbalistischen Ritual eine menschliche

Skulptur aus Ton zum Leben. Doch die berühmteste Version der Golem-Legende, besser bekannt als die Legende von Rabbi Löw, schreibt ihre Schöpfung den frühen Tagen der biblischen Genesis zu.

Der Roman wurde 1818 anonym veröffentlicht und war ein phänomenaler Erfolg. Die junge Frau hatte das Science-Fiction-Genre erfunden und außerdem die Arbeit von Freud mit ihrem Helden, der ständig mit seinen Sehnsüchten und Trieben ringt, vorweggenommen.

DAS MYSTERIÖSE B
DES BODMER-MUSEUMS

Route du Guignard 19, Cologny
• Dienstag bis Sonntag 14 bis 18 Uhr
• Bus 9, 33, Haltestelle Croisée de Cologny

(17)

Martin
Bodmer
war Beidhänder

Die grandiose Reihe von Oberlichtern am Eingang zum Bodmer Museum in Cologny gibt ein Rätsel auf: Warum ist der Großbuchstabe **B** mit einem symmetrischen aber umgekehrten Zwilling dargestellt? Sie werden nirgends eine Erklärung finden und selbst die freundlichen Museumsangestellten haben das Raten aufgegeben ...

Tatsächlich erinnert dieses Detail an eine Besonderheit des Gründers Martin Bodmer: Er war Beidhänder. Der Tessiner Architekt Mario Botta beabsichtigte diese Anspielung bei der bis 2003 durchgeführten Erweiterung des Museums. Die zwei Bs sind in fünf Glaskörper eingraviert, die der Bibel, Homer, Dante, Shakespeare und Goethe gewidmet sind – große Themen, die Martin Bodmer schätzte. Sie dienen dazu, natürliches Licht in die unterirdischen Ausstellungsräume zu bringen. Mario Botta konzipierte das Museum, indem er es zwischen den beiden bestehenden Villen versenkte. Wenn Besucher unten vor den Vitrinen stehen, werden diese erhellt und holen die wertvollen Schriftstücke aus der Dunkelheit. Eine magische Reise in das Reich der ältesten Schriftstücke.

ÜBERBLEIBSEL DES RÖMISCHEN AQUÄDUKTES IN GENF

⑱

Thônex, Place de Graveson
• Tram 12, 16, 17, Haltestelle Graveson

> *Solch ein Aufwand für sauberes Wasser!*

W ährend Instandsetzungsarbeiten an der Rue de Genève, die zum Zollhaus von Moillesulaz führt, entdeckten Arbeiter einen Teil des römischen Aquädukts, das Wasser aus den Bergen der Voirons in die Stadt führte.

Bevor alles erneut zugeschüttet wurde, wurden einige Meter entnommen und an der Place de Graveson von der Straße etwas zurückversetzt wieder aufgestellt. Dieser Abschnitt besteht aus niedrigen Mauern mit einem Gewölbe aus behauenem Tuffstein. Er ist innen 50 cm breit und 80 cm hoch.

Die Römer wagten nicht, das Wasser aus Seen oder Flüssen zu trinken, in die Abwässer geleitet wurden und in denen oft verwesende Kadaver schwammen. Um Quellwasser zu bekommen, errichteten sie zum Teil gigantische Aquädukte wie den berühmten Pont du Gard in der Nähe von Nîmes.

Dank einer Schenkung von Lucius Brocchus Valerius Bassus, einem Großgrundbesitzer und hohen Beamten der Provinzverwaltung, bauten sie (wahrscheinlich Mitte des 1. Jhs.) ein etwa 11 km lange Kanalnetz, beginnend in Cranves auf 530 m Seehöhe in den Bergen der Voirons.

Das Aquädukt leitete das Wasser über die Flüsse Foron und Seymaz, bis es im Hauptspeicher auf dem Plateau von Tranchées gesammelt werden konnte. Ein weiteres Kanalnetz verteilte es anschließend in die verschiedenen Stadtviertel (Abzweigungen nach Traînant, Promenade du Pin, Eaux-Vives und La Grange).

Teile dieses Aquädukts waren seit 1838 bekannt, aber der genaue Verlauf konnte erst 1928 dank des damaligen Kantons-Archäologen Louis Blondel nachvollzogen werden (siehe unten).

Die Barbareneinfälle des 3. Jhs. beschädigten die Tunnel, die immer weniger genutzt und gepflegt wurden. Im Laufe der Zeit verschwanden zuerst die sichtbaren Teile wie Brücken und Bögen. Die Nebenkanäle mit etwa 60 cm Durchmesser wurden bei Aushub- und Bauarbeiten vergessen und nach und nach zerstört. Im 6. Jh. war das Aquädukt nur noch eine Erinnerung.

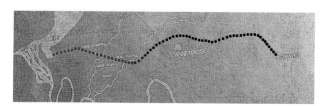

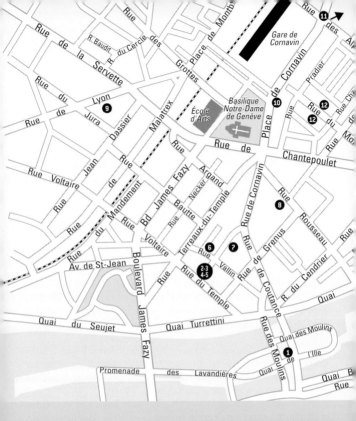

RECHTES UFER

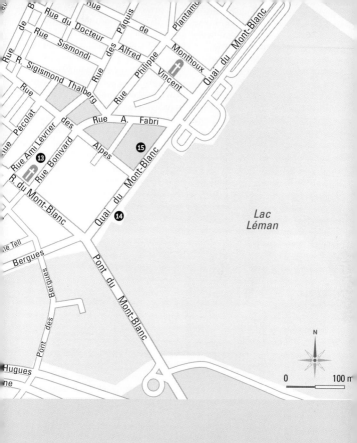

DAS WIESEL AUF DER STATUE VON PHILIBERT BERTHELIER ❶

Tour de l'Île
• Bus 1, 5, Haltestelle Place Bel-Air

> *Ich werde nicht sterben, sondern leben, um die Taten des Herrn zu verkünden*

Was bedeutet das kleine Wiesel auf dem Sockel der Statue von Philibert Berthelier, die vor dem l'Ile-Turm steht? Es war das Maskottchen des Helden, das er immer in seiner Tasche mit sich führte. Dies zeigt, dass die heutige Mode unter bestimmten Randgruppen, eine weiße Ratte auf der Schulter zu tragen, nichts Neues ist!

Philibert Berthelier, 1465 in Virieu-le-Grand geboren und eine der größten Persönlichkeiten der Genfer Geschichte, stammte aus Bresse. Nach dem Militärdienst in der Armee von Ludwig XII. kam er nach Genf, wo er einer der Anführer der „Eidgenossen" wurde. Im Gegensatz zu den Ambitionen des Herzogs von Savoyen wollten diese unerschütterlichen Patrioten und Gegner der Savoyarden, dass der Stadtstaat unabhängig blieb. Um dieses Ziel zu erreichen, verließen sie sich auf ihre Allianz mit den Schweizer Kantonen. Dieser Kampf ging für Berthelier schlecht aus: 1519 wurde er von Fürstbischof Jean-Louis von Savoyen inhaftiert, zum Tode verurteilt und an jener Stelle enthauptet, wo heute die Statue steht. Anschließend wurde sein Leichnam am Galgen von Champel aufgehängt.

Erst 400 Jahre später setzte ihm der Bildhauer Ampellio Regazzoni ein Denkmal: Die 6 m hohe Statue am l'Île-Turm – der einzige Überrest einer um 1215 erbauten Burg – wurde am 30. Mai 1909 eingeweiht.

Berthelier steht stolz und aufrecht; sein Trotz richtet sich gegen die Feinde des Landes. Er zeigt auf eine Inschrift, die die Worte wiedergibt, die er an die Wand seines Gefängnisses geschrieben hatte: „Ich werde nicht sterben, sondern leben, um die Taten des Herrn zu verkünden."

Die Geschichte des Château de l'Île ist kompliziert. Abgerissen und wiederaufgebaut, um ein zweites Mal abgerissen zu werden, wollten die Behörden im 19. Jh. den noch verbliebenen Turm ebenfalls entfernen. Ein Volksentscheid von 1897 konnte dies verhindern ... endgültig?

ZEICHEN DER FLORENTINISCHEN MACHT IM ❷ TEMPLE DE SAINT-GERVAIS

Rue Terreaux-du-Temple 12
● Bus und Tram 1, 14, 15, Haltestelle Simon-Goulart

> *Eine Erinnerung an die Macht der Florentiner Bankiers*

In Saint-Pierre haben sie kaum Spuren hinterlassen, aber im Chorgestühl von Saint-Gervais sind die Florentiner allgegenwärtig. Zwischen 1432 und 1447 entstand das Ensemble, das aus mehreren Genfer Gotteshäusern zusammengefügt wurde (vorrangig von Kirchen der Franziskaner und Dominikaner). In Genf befand sich damals die Macht der Florentiner Bankiers auf dem Höhepunkt, insbesondere die Vertreter der Medici-Familie verdienten ein Vermögen und gaben es auch wieder aus. Ihr Einfluss nahm abrupt ab, als Ludwig XI. in der Hoffnung, die wirtschaftliche Bedeutung des Genfer Handels zu zerstören, 1463 in Lyon einen neuen, konkurrierenden Handelsplatz eröffnete. Die Florentiner folgten dem Geldfluss und zogen in die Stadt an der Rhône.

Das Wappen mit der Florentiner Lilie ist in der Innenausstattung von Saint-Gervais omnipräsent: Die in Walnussholz eingearbeiteten Banner und Schilde verdeutlichen den starken Wunsch der Spender, ihre Pracht zu zeigen.

So erinnern die beiden Löwen, die die Wappen tragen, an die Löwen im Lilienzimmer des Palazzo Vecchio in Florenz.

DIE ROTE LILIE – SYMBOL VON FLORENZ

Die rote Lilie symbolisiert die Stadt Florenz. Sie unterscheidet sich durch die alleinige Darstellung von drei Blütenblättern ohne weitere Ausschmückung deutlich von jener der französischen Könige. Das „Florentiner Lilie" genannte Symbol besteht aus Blütenblättern, die durch Staubblätter getrennt sind, und aufwändig gearbeiteten Wurzeln. Es erscheint auf dem Florin, der ehemaligen Münze des Stadtstaates (*Fiorino* – eine Verbindung von *fiore* – Blume – und *Fiorentia* – dem alten toskanischen Namen der Stadt) und gab der Stadt ihren literarischen Beinamen: die Stadt der Roten Lilie.

SAKRALE SYMBOLIK DER FLEUR-DE-LIS

Die Fleur-de-Lis ist symbolisch mit der Iris und der Lilie (*Lilium*) verbunden. Laut Miranda Bruce-Mitford war Louis VII. der Jüngere (1147) der erste König Frankreichs, der die Iris als sein Emblem festlegte und als Siegel für seine Ermächtigungsurkunden (Dekrete) nutze. Da zu dieser Zeit der Name *Louis* wie *Loys* geschrieben wurde, entstand daraus angeblich zuerst „Fleur-de-Louis", dann „Fleur-de-Lis", deren drei Blütenblätter Glaube, Weisheit und Mut repräsentieren.

Auch wenn eine starke Ähnlichkeit zwischen der Iris und der Fleur-de-Lis vorhanden ist, übernahm der französische Monarch in Wirklichkeit nur ein altes Symbol der französischen Heraldik. Der Legende nach erschien 496 n. Chr. Chrodechild (Ehefrau des Frankenkönigs Chlodwig) ein Engel und bot ihr eine Lilie an – ein Ereignis, das zu ihrer Bekehrung zum Christentum beitrug. Dieses Wunder erinnert auch an die Geschichte der Jungfrau Maria, als der Engel Gabriel ihr erschien – eine Lilie haltend, um ihr zu verkünden, dass sie die Mutter des Erlösers werden würde. Die Ikonographie von Marias Ehemann Josef deutet die Blume als Zeichen seiner Ernennung zum Patriarchen der neuen heiligen Dynastie des göttlichen Königtums.

Ab 1125 zeigten die französische Flagge und das Wappen ein Lilienfeld, bis Karl V. in seiner Regierungszeit (ab 1364) die Anzahl der Lilien auf drei reduzierte und das Symbol der drei Blütenblätter als Zeichen der Verehrung der Heiligen Dreifaltigkeit nutzte.

In der Bibel findet sich die Pflanze ebenfalls: sowohl als Emblem des Königs David als auch in den Worten Jesu Christi: „... schaut die Lilien auf dem Feld ...", Matthäus 6: 28–29). Sie erscheint auch in Ägypten zusammen mit der Lotusblume sowie in den assyrischen und muslimischen Kulturen. Die Lilie symbolisierte bereits sehr früh Macht und Souveränität; sie stand für das Reich des göttlichen Gesetzes und somit auch für die Reinheit von Körper und Seele. Deshalb erhielten die alten Könige Europas, durch Gott geweiht, ihre priesterliche Autorität und sollten das heilige Oberhaupt aller königlichen Macht sein – dabei gerecht, vollkommen und rein wie die Jungfrau Maria, die „Lilie der Verkündigung und Unterwerfung" (*Ecce Ancila Domine*, „... siehe, ich bin des Herrn Magd ...", wie der Apostel Lukas schrieb). Die Lilie ersetzte somit die Iris, was erklärt, warum „Fleur-de-Lis" auf Spanisch *flor del lírio* heißt und warum beide Blumen symbolisch mit derselben Fleur-de-Lis verbunden sind.

Botanisch ist die Fleur-de-Lis weder eine Iris noch eine Lilie. Die Iris (*Iris germanica*) ist eine Pflanze aus der Familie der Iridaceae, die ursprünglich aus Nordeuropa kommen. Die bekannteren Lilienarten (*Lilium pumilum, Lilium speciosum, Lilium candidum*) gehören zur Familie der Liliaceae und sind in Zentral- und Kleinasien beheimatet. Die echte Fleur-de-Lis gehört weder zur Familie der Iridaceae noch der der Liliaceae sondern zur *Sprekelia formosissima,* einem Mitglied der Amaryllidaceae-Familie, die aus Mexiko und Guatemala stammt. In anderen Sprachen als die aztekische Lilie, São–Tiago–Lilie und St. James Lilie bekannt, ist *Sprekelia formosissima* die einzige Art ihrer Gattung. Der Botaniker Carl von Linné gab der Pflanze ihren Namen. Er hatte im 18. Jh. einige Zwiebelknollen von J. H. Van Sprekelsen, einem deutschen Anwalt, erhalten. Die Spanier führten die Pflanze nach Europa ein, als sie gegen Ende des 16. Jhs. ihre Knollen aus Mexiko mitbrachten.

Die Monarchen und Prinzen von Portugal kannten ihre symbolische Bedeutung jedoch schon viel früher. Etwa zur Zeit von Afonso Henriques und besonders ab dem späten 13. Jh. schmückte die zur Fleur-de-Lis stilisierte Lilie mit all der ihr innewohnenden, aussagekräftigen Symbolik verstärkt die portugiesischen Wappen. Dies war auf den arabischen Einfluss zurückzuführen, der sie während der Besatzung aus Ägypten auf die Iberische Halbinsel brachte.

DIE MISERICORDIEN DER KIRCHE VON SAINT-GERVAIS ❸

Rue Terreaux-du-Temple 12
• Tram 15, 16, Haltestelle Isaac-Mercier
• Bus 1, 14, 15, Haltestelle Simon-Goulart
• Messe jeden Sonntag um 10 Uhr
• contact@espace-saint-gervais.ch

> **Äußerst originelle Sinnbilder**

Von unbekannten Handwerkern* verschaffen, sind noch zwölf Misericordien unter dem Chorgestühl in Saint-Gervais erhalten. Die ausgefallenste ist nicht mehr an ihrem Platz. Sie nahm vermutlich den vierten Sitz der oberen Reihe auf der Nordseite ein und wurde durch eine moderne, dekorationslose Konsole ersetzt. Die Misericordie hieß „Exhibitionist", weil die dargestellte Figur ihre Genitalien in einer provozierenden Art präsentierte. Man übergab sie 1891 dem Museum für Kunst und Geschichte, da das Gesicht und die Geschlechtsteile verunstaltet worden waren.

Die erste Misericordie dieser Reihe stellt einen Hofnarren dar, der Dudelsack spielt und eine Kappe mit Eselsohren trägt; eine Glocke hängt zwischen seinen Beinen. Dies ist zweifellos eine Anspielung auf die berühmten Saturnalien des Klerus – ein Fest der Dummköpfe, das die Subdiakone im Mittelalter erfreute.

Die zweite Misericordie zeigt eine Meerjungfrau mit gespaltener

Fischflosse. Ihr rechter Arm, der einen Spiegel hielt, ist gebrochen; ihr linker Arm kämmt ihr langes Haar. Kämme und Spiegel waren die Symbole für Wollust und Prostitution.

Bei der dritten Misericordie der oberen Sitzreihe der Südseite schauen sich ein Kindermädchen und ein Ziegenbock ins Gesicht: ein anderes traditionelles Bild der Wollust.

Die dritte Misericordie der unteren Reihe vereint zwei gegenüberliegende Gesichter unter derselben Haube. Sie soll die Vergänglichkeit veranschaulichen, wobei das alte Gesicht das vergangene Jahr symbolisiert, während sich das junge dem neuen Jahr zuwendet.

Die vierte Misericordie verkörpert einen Vielfresser, der mit seinem Kopf in einem Kessel feststeckt: ein Symbol der Strafe für die Sünde der Völlerei.

---

* In ihrer These *Stalles sculptées du XVᵉ siècle* (aus der die meisten der oben genannten Informationen stammen) führt die Historikerin Corinne Charles eine lange Liste der Kunsthandwerker auf, die damals in Genf arbeiteten. Die Schöpfer dieser Kleinode befinden sich wahrscheinlich unter ihnen.

DIE ARCHÄOLOGISCHE STÄTTE VON SAINT-GERVAIS

Temple de Saint-Gervais
Rue des Terreaux-du-Temples 12
• Tram 14, 15, 16, Haltestelle Isaac-Mercier
• Führungen auf Anfrage beim Service Cantonal d'Archéologie
• Tel.: +41 22 327 24 86
• scag@etat.ge.ch

> **6.000 Jahre Geschichte – endlich enthüllt**

Die archäologische Stätte unter der Cathédrale de Saint-Pierre ist bei Besuchern beliebt, doch die unter dem Temple de Saint-Gervais ist erst seit dem Sommer 2009 für die Öffentlichkeit zugänglich und das nur auf Anfrage beim Service Cantonal d'Archéologie (Kantonsamt für Archäologie). So gibt es für die Genfer auch noch etwas Neues zu entdecken.

Zuvor war nur wenig darüber bekannt, was sich einst auf der anderen Seite der Brücke befand, die Julius Caesar 58 v. Chr. zerstörte, um die Überquerung durch die Helvetier vom linken Ufer aus zu verhindern. Die Ausgrabungen unter Saint-Gervais erlaubten Archäologen, den Lauf der Geschichte zurückzuverfolgen.

Die erste dokumentierte Siedlung stammt aus dem mittleren Neolithikum (4000 v. Chr.). Der Hügel mit Blick auf die Rhône diente in der späten Bronzezeit (1000 v. Chr.) als Begräbnisstätte, danach war er für seine aufrechtstehenden Steine bekannt (Eisenzeit, um 800 v. Chr.).

Um 500 n. Chr. wurde die erste Kirche darauf gebaut. Unter dem erhöhten Chor entstand eine Krypta, die als Grabstätte einer bedeutenden Persönlichkeit diente; vielleicht einem der ersten Bischöfe von Genf.

Die Wände der kreuzförmigen, frühchristlichen Kirche sind erhalten geblieben und formieren sich um das Zentrum der Anlage. Durch die seitlichen Zugänge zur Krypta, die im 15. Jh. hinzugefügt wurden, können Besucher die Nebenräume auf beiden Seiten des Chores erforschen. Einer von ihnen – mit einer Apsis versehen – stammt aus dem 6. Jh. und beherbergt monumentale Gräber. In dieser Zeit und im 7. Jh. befanden sich unter der Kirche und im nahen Umkreis zahlreiche Grabstätten mit Einfassungen aus Sedimentgesteinsplatten. Um das Kirchenschiff herum werden sie und das galloromanische Heiligtum unter dem nördlich der Kirche gelegenen Vorplatz durch einen sichtbaren Portikus geschützt.

DIE GEDENKTAFEL DER HELDEN VON GENF ❺

Rue Terreaux-du-Temple 12
• Tram 15, 16, Haltestelle Isaac-Mercier
• Bus 1, 14, 15, Haltestelle Simon-Goulart

> *Die wenig bekannte Liste der 14 Savoyarden, die nach der Escalade gefoltert wurden*

Die Genfer wissen alles über die Escalade von 1602, in der ihre Vorfahren den savoyardischen Angriff abwehrten, doch die Liste der 13 – die allgemein angenommene Zahl – savoyardischen Gefangenen, die einen Tag danach – am 12. Dezember um 14:30 Uhr – erhängt und enthauptet wurden, ist ihnen nicht bekannt.

Die am besten Informierten können nur zwei oder drei der bekannteren Namen nennen und Werke bedeutender Historiker bringen keinen Aufschluss. Anstatt an ihre Feinde, erinnern sich die Genfer bevorzugt an ihre 17 Helden, die in dieser Schlacht gefallen sind. An der Wand des Temple de Saint-Gervais entlang der Rue des Corps-Saints befindet sich eine Marmorplatte mit ihren Namen: Jean Canal, Jean Vandel, Louis Bandière, Nicolas Bogueret, Pierre Cabriol, Michel Monnard, Jean Guignet, Marc Cambiago, Daniel Humbert, Louis Gallatin, Abraham de Baptista, Jean-Jacques Mercier, Philippe Poteau, Martin de Bolo, Jacques Petit, François Bousezel und Gérard Musy. Ein letzter Name, der der Liste hinzugefügt werden sollte, ist der von Jacques Billon, der einige Tage später seinen Verletzungen erlag.

Warum wurde die Gedenktafel so weit entfernt von der Altstadt, wo der Angriff stattfand, angebracht? Weil die tapferen Toten auf dem Friedhof des Temple de Saint-Gervais begraben wurden. Als dieser 1774 aufgelöst wurde, versetzte man die Ehrentafel einfach um ein paar Meter. Bereits 1603 schlugen die Pastoren dem Rat vor, dieses Denkmal doch besser an der Treille zu platzieren, aber dies wurde abgelehnt. Vielleicht wird der Irrtum eines Tages korrigiert.

DIE 14 NACH DER ESCALADE GEHÄNGTEN UND GEKÖPFTEN SAVOYARDEN

Da die Totenregister der Jahre 1600 bis 1608 aus den kantonalen Archiven verschwunden sind, können wir uns nur auf die Schriften derjenigen stützen, die vor dem Diebstahl die Möglichkeit hatten, sie einzusehen. Ein Text von Alex Guillot (1915) besagt, dass es laut dem Genfer Register vom 12. Dezember 1602 (julianischer Kalender) vierzehn und nicht dreizehn Gefangene waren! Hier ist die Liste – in der gleichen Reihenfolge und mit den gleichen Namen wie im Dokument:

1. Jacques, Sohn des Charles Chafardon, aus Saint-Jean d'Arbey in Chambéry.
2. François, Sohn des späteren Ayme de Gerbel, Seigneur de Sonna.
3. Pierre, Sohn des Philibert de Montluçon, Seigneur de Attignac, aus Bresse.
4. Donat, Sohn des François Payant, aus Trez in der Provence.
5. Soupfre, Sohn des Bonaventure Galiffet, aus Saint-Laurent bei Echelles.
6. Anthoine, Sohn des Laurent de Concière, aus Angrelat in Dauphiné.
7. Philibert, Sohn von Laurent Sadou, aus Tagninge.
8. Pierre Vulliens, aus Bourg.
9. Jaques Durand, aus Nevers.
10. Jean Clerc, aus Migeveta.
11. Jacques Bovier, alias Gefreiter La Lime, aus Seyssel.
12. Pierre Mathieu, aus Usez, Wollkämmer.
13. Jean de Banardi, aus Talars im Dauphiné.
14. Jacques Bouzonnet.

Einige der Gefangenen – Seigneur de Gruffy? – haben womöglich ihre wahren Namen nicht angegeben. Nach dem Erhängen enthauptet, wurden ihre Körper in die Rhône geworfen und ihre aufgespießten Köpfe sechs Monate lang ausgestellt. Nur die Leiche des Comte de Sonnaz wurde seiner Frau Louise d'Alby zurückgegeben.

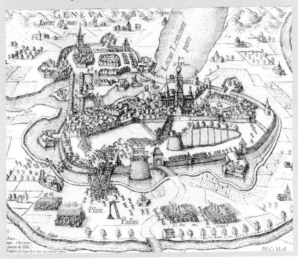

DAS BASRELIEF IN DER RUE VALLIN

Rue Vallin
- Tram 14, 15, 16, Haltestelle Isaac-Mercier
- Bus 1, Haltestelle Coutance

> *Zur Erinnerung an die „Fabrique" von Saint-Gervais*

Das große Basrelief (5,62 m x 2,6 m) an der Ecke Rue Vallin und Place Simon-Goulart mit dem Titel *L'ATELIER* erinnert daran, dass dieses Viertel einst von Handwerkern jeglicher Art bewohnt wurde.

Das 1958 eingeweihte Werk des Bildhauers Paul Bianchi (aus Graubünden; geboren 1920 in Coire, verstorben 1973 in Carouge) zeigt einen Meister mit seinem Lehrling.

Hauptsächlich den Cabinotiers (siehe unten) verdankte Saint–Gervais den Ruf, ein überfülltes, rebellisches Viertel zu sein – ganz im Gegensatz zum wohlhabenden, konservativen Genf links des Ufers. Um 1800 ernährte das Uhrmachergewerbe – mit Spitznamen „La Fabrique" („Die Fabrik") – 5.000 der 26.000 Einwohner Genfs. Die Einwohner drängten sich in einem Labyrinth von Gassen und zunehmend wackeligen Gebäuden – für Hobby-Aquarellmaler eine Freude, aber für die Menschen, die dort lebten, ein Albtraum.

Von 1895 bis 1901 mussten die Häuser in der Rue Vallin den von Banken finanzierten „hygienischen" Gebäuden weichen. Obwohl damit die Lebensbedingungen in diesem Elendsquartier verbessert werden sollten, gingen dabei viele wertvolle Zeugnisse der Vergangenheit verloren. Die Bauarbeiten in diesem Gebiet bis zur Rhône beschleunigten sich um 1930 – im Jahr 1929 wurden 800 ausländische Arbeiter „eingeladen", den Kanton zu verlassen. Fotos aus dieser Zeit zeigen riesige Schneisen und ausgedehnte Schuttflächen.

WOHER STAMMT DAS WORT CABINOTIER?
Die Uhrmacher von Saint-Gervais arbeiteten in den oberen Stockwerken, wo sie am meisten Licht vorfanden. Diese kleinen Werkstätten wurden „cabinets" genannt, daher der Begriff „Cabinotier".

IN DER NÄHE ZU BESICHTIGEN

BOUTIQUE *AU VIEUX ST-GERVAIS*
In der Rue des Corps-Saints 10, beim Ladenschild *Au Vieux St-Gervais*, frönt unter der winzigen Arkade Bruno Pesenti seiner Leidenschaft für alte Uhren. Er restauriert und sammelt antike Stücke und erweist sich als würdiger Nachfolger der Genfer Cabinotiers. Seine Werkstatt und sein Laden sind ein wahres Museum.

DIE GEHEIMEN PASSAGEN VON SAINT-GERVAIS

Im Viertel Saint-Gervais, wo einst die Werkstätten der Cabinotiers waren, ist das gesamte Netz von Passagen und Querverbindungen der Höfe und Wohnhäuser für die Öffentlichkeit nicht mehr zugänglich. Politiker träumen davon, diese versteckten Gänge wieder zu öffnen und verschlossene Gatter einzureißen, um wieder in die Innenhöfe vordringen zu können. Mindestens vier Passagen wurden gezählt. Die erste verbindet die Rue de Coutance Nr. 18 mit dem Place De-Grenus Nr. 9 . In ihrer Mitte befindet sich ein bemerkenswerter Innenhof und ein Turm – Überrest der Befestigungsanlagen aus dem 15. Jh. Wenn Sie genau hinsehen, entdecken Sie die Schießscharte, durch die die Verteidiger ihre Feinde mit Pfeilen beschossen haben. Auf der anderen Seite steht ein Gebäude im florentinischen Stil mit Kolonnaden. Die zweite Abkürzung verbindet den Place De-Grenus Nr. 6 mit der Rue Rousseau Nr. 9. Der Innenhof wurde geschmackvoll renoviert, der monumentale Treppenaufgang öffnet sich mit Bögen, die auf jeder Etage mit schmiedeeisernen Geländern verziert sind.

Die dritte Passage – zwischen der Rue Lissignol und der Rue Rousseau Nr. 14 – umfasst auch einen Innenhof aus dem 19. Jh., weist aber keine anderen historischen Elemente auf. Die vierte Abkürzung beginnt in der Rue Lissignol Nr. 10 und endet in der Rue de Chantepoulet Nr. 9. So gelangt man nach wenigen Metern von den sehr bescheidenen und ruhigen Wohnungen der Rue Lissignol zur lauten Hauptgeschäftsstraße Rue de Chantepoulet. In der Mitte dieser Passage ist der einzige Prunk ein Baum im Innenhof, der seine Äste in den blauen Himmel streckt …

Werden diese Abkürzungen, von denen viele eine behutsame Restaurierung verdienen, eines Tages wieder öffentlich zugänglich gemacht? Die Besitzer fürchten um ihre Sicherheit, aber warum nicht wenigstens während des Tages oder bestimmter Veranstaltungen wie den Kulturtagen offenlassen?

ROUSSEAUS FALSCHER GEBURTSORT ⑧

Rue Jean-Jacques Rousseau 27
• Bus 1, 3, 19, Haltestelle Coutance

Als man glaubte, Jacques Rousseau sei in Saint-Gervais geboren

Auf der ersten Etage des Gebäudes in der Rue Jean-Jacques Rousseau Nr. 27 erklärt eine fast unleserliche, durch Umweltverschmutzung beschädigte Tafel: „Im Jahr 1793 wurde die Rue Chevelu von den Genfer Behörden nach Jean-Jacques Rousseau umbenannt."

Tatsächlich korrigiert diese Inschrift einen kapitalen Fehler: Im Jahre 1793 dachte man, Jean-Jacques Rousseau sei in Saint-Gervais, wo er seine Jugendjahre verbrachte, auch geboren. Deshalb veranstaltete man hier eine grandiose Zeremonie mit Parade, schwang patriotische Reden und platzierte eine Gedenktafel. Die Behörden mussten später beschämt zugeben, dass es nicht stimmte, auch wenn dieser Irrtum erst 1904 offiziell zugegeben und die Originaltafel durch diese korrigierte Inschrift ersetzt wurde. Die Rue Chevelu (benannt nach einer angesehenen Persönlichkeit, wahrscheinlich aus dem 16. Jh.) wurde bei dieser Gelegenheit zu Recht zur Rue Jean-Jacques Rousseau umbenannt. Wir wissen, dass der Schriftsteller tatsächlich am 28. Juni 1712 in der Grand-Rue 40 in der Altstadt geboren wurde. Seine Mutter starb wenige Tage später, am 7. Juli, an Kindbettfieber, das zu dieser Zeit so vielen Frauen das Leben kostete. Sein bescheidener Vater schickte ihn zu einem Uhrmacher aus Saint-Gervais in die Lehre. Eines Nachts sah sich der junge Schurke gezwungen, zum dritten Mal außerhalb der Stadtmauern zu übernachten (er hatte das Schließen der Tore verpasst), und entschied sich, endgültig nach Frankreich abzuhauen.

Inzwischen berühmt, kehrte er 1754 für ein paar Monate nach Genf zurück. Wieder in Frankreich, kam er bei Madame d'Epinay in Montmorency unter, wo er *Die Neue Heloise* (1761), *Vom Gesellschaftsvertrag* und *Émile* (1762) schrieb. Besonders die beiden späteren Werke erzürnten auch die Genfer Machthaber: Die Bücher wurden öffentlich vor dem Rathaus verbrannt und der Philosoph wurde mit Exil bestraft.

Empört entschloss sich Rousseau 1763, auf seine Genfer Staatsbürgerschaft zu verzichten. Er streifte – oft mittellos – quer durch Europa und starb ausgezehrt und vorzeitig gealtert mit 66 Jahren 1778 in Ermenonville (Oise) im Haus des Marquis de Girardin, der ihn aufgenommen hatte.

Gegen Ende seines Lebens kleidete sich Rousseau seltsamerweise als Armenier mit Pelzmütze, Mantel, Dolman und Gürtel.

DIE RACHE EINER ÜBERGANGENEN STATUE

Auch wenn Genf heute mit Jean-Jacques Rousseau wieder im Reinen ist und ihm an seinem Geburtsort in der Grand-Rue 40 (siehe gegenüber) einen „Raum" widmet, war die Beziehung zu Lebzeiten viel kühler. Als der Rat ihn 1762 mit Exil bestrafte, verzichtete Rousseau „... für immer auf das Bürger- und Heimatrecht in der Stadt und Republik Genf" (Brief an den Bürgermeister am 12. Mai 1763). Als ein Komitee 1828 eine Statue des Philosophen zum 50. Todestag errichten wollte, stimmte der Rat halbherzig zu, die Finanzierung zu unterstützen. Der unvermeidliche James Pradier führte den Auftrag aus. Als das Werk aus Paris eintraf, blieb die konservative Regierung weiterhin zurückhaltend. Wo könnte diese monumentale Statue platziert werden, ohne die Prinzipien eines Mannes zu würdigen, der einst beschuldigt wurde, „die christliche Religion und alle Regierungen zu zerstören"?

Ein Kompromiss wurde gefunden: Sitzend und in römischer Kleidung „verbannte" man die Figur in eine Ecke der Insel, die damals Île des Barques (Bootsinsel) genannt wurde, dem Pont des Bergues zugewandt. War der Blick des Philosophen noch immer so unangenehm? Im Jahr 1850 versteckten ihn drei Pappelreihen.

1862 wurde die Skulptur schließlich in Richtung See umgedreht ... der Pont du Mont-Blanc sollte bald eingeweiht werden. Eine weitere Kehrtwende musste Rousseau, dem im Grab inzwischen sicher schwindlig wurde, im Jahr 2012 überstehen: Seit der Neugestaltung der Insel blickt er wieder Richtung Stadt.

MEDIZINISCHES ZENTRUM CORNAVIN ⑨

Rue du Jura 1

Blasen-Architektur und Skulptur-Häuser

Genf ist eine der Geburtsstätten eines architektonischen Stils, der als „Maison Bulle" bekannt ist. In den 1970er-Jahren nutzten die Schöpfer dieser Gebäude verstärkt Spritzbeton (Beton, der auf flexible Metallrahmen gespritzt wird). Diese Technik ermöglicht die Schaffung vielerlei Formen, insbesondere von krummen anstelle der üblichen geraden Linien und Winkel, die in der Natur nicht vorkommen. Dank der beiden Architekten Pascal Häusermann (1936–2011) und Daniel Grataloup (geb. 1937) kann man in der Stadt noch einige dieser Gebäude finden.

Häusermanns Medizinisch-Chirurgisches Zentrum Cornavin wurde 1973 fertiggestellt. Für den Passanten sieht es aus wie eine fliegende Untertasse, die zwischen zwei Gebäuden mit traditionellen Fassaden landet.

In der Gegend gibt es weitere Beispiele von Häusermanns unkonventioneller Architektur, so zum Beispiel in Douvaine (entworfen in Zusammenarbeit mit Chanéac) und Sainte-Marie-du-Mont in der Nähe von Chambéry.

Der Franzose Daniel Grataloup, der sich Ende der 1960er-Jahre in Genf niedergelassen hatte, vollendete 1972 die spektakuläre Villa d'Anières; 1976 folgte die Villa de Conches. Die von ihm entworfenen Villen stellen Gesamtkunstwerke dar, wobei die Innenräume stark von der äußeren Gestaltung abhängig sind – in diesem Sinne Skulpturhäuser. Im Jahr 2016 schenkte Grataloup der Stadt Genf alle Skizzen und Archivunterlagen seiner Arbeit. Diese sind jetzt im Pavillon Sicli, Rue des Acacias 45, ausgestellt.

BAUGENEHMIGUNG ABGELEHNT, JETZT EIN ARCHITEKTURJUWEL!

Die Kühnheit dieser visionären Architekten stieß häufig auf Widerstand und Baugenehmigungen wurden oftmals nicht erteilt. Amüsanterweise wurde die Villa in Conches 1976 gegen den Willen des Kantons errichtet, aber 2016 von derselben Behörde als „schützenswertes Gebäude" eingestuft!

ZIMMER „122" IM HOTEL CORNAVIN ⑩

Place Gare de Cornavin
Boulevard James-Fazy 33

> **Das Zimmer von Professor Bienlein!**

Das Hotel Cornavin erreichte fast Weltruhm, da Hergé die Helden von Tim und Struppi in *„Der Fall Bienlein"* dort spielen lässt. Nach der Veröffentlichung des Comic-Albums 1956 kehrte der Cartoonist an die ersten Drehorte zurück und verbrachte zwei Nächte im Hotel auf Zimmer 210. Die aus aller Welt anreisenden Tim-und-Struppi-Fans bevorzugen es dennoch, Zimmer 122 zu reservieren, in dem Professor

Bienlein eigentlich gewohnt hat.

Überraschenderweise existierte dieses Zimmer nie! Hergé hatte es einfach erfunden. 1998 – 42 Jahre später! – fügte das Hotel endlich bei der Renovierung ein weiteres Zimmer hinzu, da hartnäckige Kunden keine Ruhe gaben.

Gäste, die in diesem Zimmer übernachten, „vergessen" oftmals, den Schlüssel bei der Abreise abzugeben. Deshalb sind die Angestellten an der Rezeption, wo eine imposante Statue von Tim mit seinem roten Haarschopf am Eingang steht, besonders wachsam.

Um die Botschaft von Bordurien zu zeichnen, in der sich ein Teil der Geschichte *Der Fall Bienlein* abspielt, ließ sich Hergé teilweise durch den Bau der École Hôtelière de Genève inspirieren.

Das Hotel Cornavin besitzt die mit 30,02 m höchste Pendeluhr der Welt! Die Arbeit des gebürtigen Schweizers Jean Kazès findet sich sogar im Guinness-Buch der Rekorde.

DIE KIRCHE VON LES PÂQUIS

Rue de Lausanne 69, Rue Ferrier 16
• Tel.: +41 22 732 79 25
• Tram 15, Bus 5

> *Eine Kirche wie vom Himmel gefallen*

In Les Pâquis steht die erste kugelförmige Kirche der Welt, eine mutige Wahl des Tessiner Architekten Ugo Brunoni: „Für diesen Bauplatz im Viertel Les Pâquis, das zur *Association de la Sainte-Trinité* gehört, musste ich nicht nur eine Kirche, sondern auch Sozialwohnungen und Geschäftsräume entwerfen. Um den Unterschied zwischen heilig und profan zu betonen, entwickelte ich drei maßgebliche Ideen. Form: rund für die Kirche und rechteckig für die anderen Gebäude. Material: Stein statt Metall und Beton. Licht: vom Zenit für die Kirche, von der Seite für die restlichen Gebäude."

Das Ergebnis ist atemberaubend. Diese 1994 als letzte im Gebiet von Genf gebaute römisch-katholische Kirche verblüfft ihre Besucher stets aufs Neue. Besucher aus der ganzen Welt stehen lange an, um die rosafarbene Granitkugel von 20 m Durchmesser zu bewundern, die einen starken Kontrast zu traditionellen religiösen Bauwerken bildet.

„In der heutigen Zeit", so Ugo Brunoni, „können wir das ‚Haus Gottes' nicht wie früher gestalten. Wir müssen es neu erfinden, neue Ansätze vorstellen. Wir sind nicht mehr im Mittelalter und in der Zeit der Kathedralen ..."

Diese Kirche, rund wie der Globus, symbolisiert auch das internationale, weltoffene Genf. Ihre religiösen Aspekte erinnern an die Gemeinschaft der Heiligen Dreifaltigkeit: Vater, Sohn und Heiliger Geist. Ein kreuzförmiger Lichtschacht spendet Helligkeit, wie auch zwölf in der Rundung angeordnete Fenster – in Anlehnung an die Zwölf Apostel. Im Jahr 2012 kam eine neue Orgel des berühmten italienischen Herstellers Zanin (aus dem Dorf Codroipo) hinzu. Sie ist heute der Stolz dieser außergewöhnlichen Kirche, die wie ein polierter, vom Himmel gefallener Stein aussieht.

DIE VERGESSENE REISE DER SPHINXE DES EHEMALIGEN HÔTEL DE RUSSIE ⓬

Rue du Mont-Blanc 26, Fußgängerzone
• Bus 6, 8, 9, Haltestelle Chantepoulet

„

> *Wächter der Rue du Mont-Blanc*

Die rosafarbenen Marmorsphinxe mit den üppigen Brüsten in der Rue du Mont-Blanc 26 bewachten viele Jahre den Eingang des Hôtel de Russie, das sich einst am anderen Ende der Straße an der Ecke Quai du Mont-Blanc, gegenüber der Brücke befand. Vor dem Umbau zum Hotel stand dort die wunderschöne Residenz von James Fazy, dem Vater der Verfassung von 1847, der mittellos starb. Der Staat hatte ihm dieses Grundstück in Anerkennung seiner politischen Verdienste zugesprochen.

Das Hôtel de Russie musste in den 1960er-Jahren zum großen Bedauern der Genfer einem Geschäftshaus weichen. Die beiden Sphinxe wurden auf einer Auktion an den Besitzer eines Campingplatzes im Kanton Waadt für 3.500 Schweizer Franken verkauft – und anschließend für ein paar Jahre vergessen. Als die Stadt den oberen Teil der Rue du Mont-Blanc in der Nähe des Bahnhofs Cornavin attraktiver gestalten wollte, erinnerte sie sich an die auffallende Präsenz dieser Sphinxe, die zum kollektiven Gedächtnis von Genf gehörten. Die Behörden haben sie 1982 wiederentdeckt und für 8.000 Franken erworben.

Heute bewachen sie beide Seiten der Fußgängerzone und stehen somit am gegenüberliegenden Ende ihrer ursprünglichen Heimat. Sie stammen aus dem Jahr 1855 und sind das Werk von François Lempereur, geboren im französischen Rupt (Haute-Saône).

WOHER KOMMT DER NAME „CORNAVIN"?

Jahrhunderte bevor der Bahnhof und die Straße diesen Namen erhielten, existierte der Ort Cornavin bereits.

Cornavin kommt von „Corne à vin" und bezieht sich auf die Weinberge, die den Bischöfen bis Anfang des 15. Jhs. mehr als genug Wein für die Messe lieferten.

Einigen Historikern zufolge befand sich an dieser Stelle außerhalb der Stadtmauern ein Gasthaus namens „La Corne à vin", das dem Viertel seinen Namen gab. Ein paar Quadratmeter Weinreben haben auf dem Hügel überdauert, deren Saft Voltaire begeistert lobte: „Dieser Wein ist von einzigartiger und bewundernswerter Qualität"!

DIE TURMUHR DER ANGLIKANISCHEN KIRCHE VON GENF ⓭

Anglikanische Kirche der Heiligen Dreifaltigkeit
14 bis Rue du Mont-Blanc
• Bus 6, 8, 9, 25, Haltestelle Mont-Blanc

Ein wohlhabender, aber diskreter Beschützer

Hergestellt in Morez im französischen Jura und 1867 in Genf installiert, befindet sich die Uhr der Anglikanischen Kirche der Heiligen Dreifaltigkeit immer noch in einwandfreiem Zustand. Die Gunst der Umstände oder ein Glücksfall? Ein außergewöhnlich guter Original-Mechanismus? Nichts davon: Nach der Beerdigung seiner Frau im Jahr 1944 wurde Hans Wilsdorf, der bayerische Gründer von Rolex-Uhren, zum Bewahrer und diskreten Retter der Uhr.

Wilsdorf starb 1960, ab dem 19. November 1963 wurde die Wartung der Uhr von einem Rolex-Techniker durchgeführt, der jeden Mittwoch die 38 Stufen des Turms erklomm, um den kostbaren Mechanismus aufzuziehen, einzustellen und zu ölen. Die Kirche wurde 1983 unter Denkmalschutz gestellt.

Im Jahr 2012 stieg Alan Downing – ein Journalist, spezialisiert auf Uhrmacherei und Mitglied der Kirchengemeinde – in den Turm und stellte fest, dass die mechanischen Teile durch Rost und Schimmel bedroht waren.

Dies wurde der Hans-Wilsdorf-Stiftung zur Kenntnis gebracht, die sich im Februar 2014 bereit erklärte, die Restaurierung der Uhr zu finanzieren und ein automatisches System zum Aufziehen und Einstellen der Zeit zu installieren, um die mühsame wöchentliche Wartung zu ersparen.

Die Arbeit wurde der École d'horlogerie de Genève anvertraut. Die Wiederinstallation der Uhr verzögerte sich bis zum Abschluss der Bauarbeiten am Turm im Sommer 2017.

Hans Wilsdorf gründete 1905 sein Uhrengeschäft in London. In Genf angekommen, machte eine technische Meisterleistung die Marke Rolex endgültig bekannt: 1927 trug die englische Schwimmerin Mercedes Gleitze bei ihrer Überquerung des Ärmelkanals die erste wasserdichte Uhr der Welt, die Oyster, am Handgelenk.

Am 1. August 1945 gegründet, engagiert sich die Hans-Wilsdorf-Stiftung in den Bereichen Bildung, Soziales, Kultur, sowie Natur- und Tierschutz. Bis auf den Tierschutz beschränkt sich das Tätigkeitsfeld der Stiftung streng auf den Kanton Genf.

Die letzte Ruhe fand Hans Wilsdorf auf dem Cimetière des Rois, dem Friedhof der Genfer Helden- und Ehrengräber. Sein Grab wurde 2015 verlegt.

DIE BLUTFLECKEN AUF ROSE UND BAND VON KAISERIN SISI ⓴

Hotel Beau-Rivage
Quai du Mont-Blanc 13
• Bus 6, 8, 9, 27, Haltestelle Mont-Blanc

> *Ermordet vom Anarchisten Lucheni*

D as Hotel Beau-Rivage erinnert an Sisis Ermordung im Jahre 1898: In einer Glasvitrine im ersten Stock können Sie eine Rose und ein Band sehen, das mit ihrem kaiserlichen Blut befleckt ist.

Am 10. September 1898 verließ die Kaiserin von Österreich und Königin von Ungarn, liebevoll „Sisi" genannt, das Hotel Beau-Rivage in Begleitung ihrer Hofdame Gräfin Sztaray. Die beiden Frauen machten sich auf den Weg zum Pier Mont-Blanc, wo um 13:40 Uhr das Schiff „Genève" für eine Seerundfahrt nach Territet ablegen sollte. Auf halbem Weg, gegenüber dem Hotel de la Paix und am Beginn der Rue des Alpes, tauchte plötzlich der 25-jährige italienische Anarchist Luigi Lucheni auf und stach mit einem langen, scharfen Messer auf die Kaiserin ein. Im Glauben, sie habe nur einen heftigen Schlag gegen die Brust bekommen, bestieg Sisi die „Genève", während man ihren Angreifer verfolgte. Aber ihr Kleid war voller Blut: Die Klinge hatte die linke Herzkammer und ihre Lunge durchbohrt. Auf

einer Trage zum Beau-Rivage zurückgebracht, starb die Kaiserin um 14:10 Uhr. Sie war 61 Jahre alt. Obwohl der Glanz ihrer Jugend von Romy Schneider im Film unsterblich gemacht wurde, sind die Details über ihr Alter weniger bekannt: Zum Beispiel trug sie Zahnersatz und benutzte Gesichtsmasken aus rohem Fleisch, um ihren Teint zu erhalten.

Der Attentäter wurde zu lebenslanger Haft verurteilt, doch nach zwölf Jahren erhängte er sich in seiner Zelle.

DER IN WIEN KONSERVIERTE KOPF DES ATTENTÄTERS

Ein morbides Detail: Luchenis Kopf wurde in einem Glas mit Formaldehyd aufbewahrt und trotz einiger Hindernisse schließlich nach Wien gebracht, wo er bis heute ist.

In der Nähe des Hotels Beau-Rivage erinnert man an mehreren Stellen an Sisis Ermordung: Eine Tafel an einem Geländer am Quai du Mont-Blanc markiert den genauen Ort des Angriffs. Auf einer nahegelegenen Rasenfläche befindet sich eine Statue der Kaiserin von Österreich mit einem Fächer in der Hand. 1998 wurde sie von einem Verein zu ihrem 100. Todestag aufgestellt.

DIE WANDERNDE STATUE DES HERZOGS VON BRUNSWICK

Place des Alpes, Quai du Mont-Blanc
• Bus 1, Haltestelle Navigation

Ursprünglich auf der Spitze seines Mausoleums ...

In der Hoffnung, dass einer der mächtigsten europäischen Monarchen (Kaiser Napoleon III., der König von Preußen oder gar Zar Alexander II.) endlich seine Erbrechte anerkennen und seinen Bruder und König von Hannover verpflichten würde, die ihm „gestohlenen" deutschen Besitztümer zurückzugeben, machte der Herzog von Braunschweig sein vorläufiges Testament zugunsten von Genf. 1873 starb der Herzog überraschend und somit füllte eine ordentliche Summe die Stadtkassen: fast eine Milliarde Schweizer Franken nach heutigem Wert! Um das immense Vermögen zu erhalten, musste eine Bedingung erfüllt werden: ein Mausoleum nach den Wünschen und Plänen des Herzogs an „bedeutender und würdiger" Stelle zu errichten. Die Genfer akzeptierten natürlich: So entstand eine um ein Fünftel vergrößerte Kopie des Grabmals der Familie Scaligeri in Verona. Das Denkmal des Herzogs – von den besten Künstlern seiner Zeit geschaffen – wurde 1879 in der Nähe des Sees errichtet. Es kostete etwas

weniger als 10 % des Erbes. Mit dem Rest wurde die Stadt verschönert und umgestaltet, und mehrere prestigeträchtige Monumente wie das Grand Théâtre entstanden. Das Reiterstandbild wurde zunächst auf das Mausoleum gesetzt und damit dem Wunsch des Erben des Herzogtums Braunschweig-Wolfenbüttel entsprochen, den sein Adel 1830 (mit 26 Jahren) aus seinem Land vertrieben hatte. Jedoch drohte die viel zu schwere Statue bei jedem kräftigen Nordwind umzustürzen. Nach vier nervenaufreibenden Jahren wurde sie 1883 in eine Ecke des Place des Alpes umgesiedelt.

VERSTECKTE SYMBOLIK DES GRABES VON BRUNSWICK

Das polygonale Brunswick-Grabmal hat drei Ebenen. In der Mitte befindet sich der Sarkophag des Herzogs. Wie auf Gräbern aus dem Mittelalter sitzt hier der heraldische Löwe der Braunschweiger zu Füßen des liegenden Herzogs, der von Engeln mit goldenen Flügeln umgeben ist. Der Löwe steht für Stärke und Kraft, während die Engel das göttliche Licht verkörpern, das die Braunschweiger Familie erleuchten soll – insbesondere Herzog Karl II. In seinem Testament hatte er festgelegt, dass sein Mausoleum „wie auf der diesem Testament angehängten Zeichnung in Anlehnung an jenes der Familie Scaglieri, die in Verona begraben wurde", gebaut werden sollte. (Beachten Sie den Lapsus: Scaligeri wird zu Scaglieri!) Es war dieselbe Zeichnung, die Karl nach dem Tod von Eliza Gates in London anfertigen ließ. Er wünschte sein Grab nahe dem seiner Geliebten.

Insgesamt repräsentiert das Monument eine irdische Macht, die von unsichtbaren spirituellen Kräften unterstützt wird. Diese Allegorie ist darauf zurückzuführen, dass Karl II. legitimer Erbe des Herzogtums Braunschweig und Hannover war, aber vom Deutschen Bund 1827 nicht anerkannt wurde.

In den Nischen des Mausoleums stehen mehrere Mitglieder der Brunswick-Familie (der Vater sowie der Großvater des Herzogs und andere Vorfahren), um die jahrhundertealte Überlegenheit dieser Linie hervorzuheben, die sich anderen gegenüber militärisch und geistig immer durchsetzen konnte. Zwei heraldische Löwen aus dem Hause der Guelphen wachen über den Eingang zum Mausoleum, unterstützt von zwei geflügelten Chimären mit jeweils einer Krone zwischen den ausgestreckten Klauen. Die Symbolik bedeutet, dass der Herzog von Braunschweig nicht imstande war, König zu werden (symbolisiert durch den Löwen), weil die Mächtigen es zu verhindern wussten, wodurch die Krone ein Hirngespinst blieb. Nach der griechischen Mythologie war die Chimäre ein hybrides Monster mit Löwenkopf, Ziegenkörper, Schlangen- oder Drachenschwanz und Feueratem. Tochter von Typhon und Echidna, wurde sie in den Eingeweiden der Erde geboren. Bellerophon besiegte sie – ein Held, der dem Blitz ähnelte und auf dem geflügelten Pferd Pegasus ritt.

Diese Allegorie wiederholt sich in der Reiterstatue Karls II. Ursprünglich auf dem Denkmal platziert, sollte sie zeigen, dass er am Ende alle monströsen Chimären besiegen würde, die aus dem politischen Ehrgeiz seiner Zeit entstanden waren und sich gegen ihn richteten. Damit wollte der Herzog bekräftigen: Unfähig, die Chimären zu Lebeiten zu besiegen, wird dieser Sieg nach seinem Tod sichtbar werden.

Ursprünglich sahen sowohl Sozialwissenschaftler als auch Dichter in der Chimäre nur ein Bild für wilde Sturzfluten, launisch wie Ziegen, verheerend wie Löwen, gewunden wie Schlangen. Sie konnten nur mit List kontrolliert werden: durch Trockenlegen der Quellen und Umleiten ihres Verlaufs. Genau das hat Karl II. von Braunschweig bei der Gestaltung dieses Mausoleums umgesetzt: Außerstande, die historischen Fakten zu ändern, verdrehte er sie zu seinen Gunsten und jenen seiner Familie.

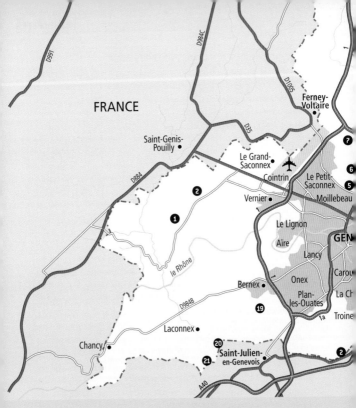

KANTON GENF

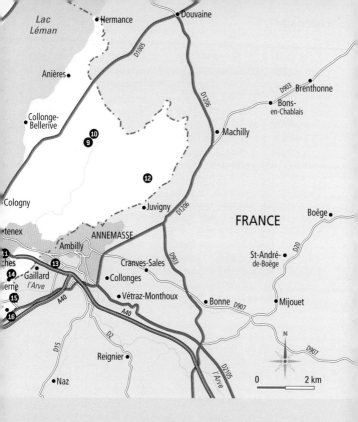

DAS CHÂTEAU DE DARDAGNY UND LE CAPITAINE FRACASSE: WELCHER HERRENSITZ DIENTE THÉOPHILE GAUTIER ALS VORLAGE?

Zug 96744, Haltestelle La Plaine, dann Bus X nach Dardagny

In *Le Capitaine Fracasse* beschreibt Théophile Gautier zu Beginn ausführlich das Château de la Misère, den heruntergekommenen Landsitz seines Helden Baron von Sigognac.

Diente ihm dabei das Château de Dardagny als Vorlage? So die allgemeine Hypothese. Aber wenn Dardagny Théophile Gautier tatsächlich inspirierte, dann schon eher zum Château de Bruyères, das – viel später im Roman erwähnt – einem reichen Marquis gehört. Die genaue Lektüre des Textes bestätigt diese Interpretation.

Théophile Gautier beschrieb das Château de Bruyères so: „Vier rustikale, gekoppelte Säulen mit abwechselnd rund und quadratisch geformten Sockeln trugen ein mit dem Wappen des Marquis geschmücktes Gesims, das die Plattform eines großen Balkons mit Steinbalustrade bildete, zu dem sich das Hauptfenster des Salons öffnen ließ. Die Fensterrahmen waren aus strahlend weißem Stein, und die Gesimse aus dem gleichen Material betonten die Trennung der Etagen."

Diese Elemente sind fast identisch mit der Fassade des Château de Dardagny (Foto unten). Und selbst wenn Gautiers Fantasie mehr hinzugefügt haben sollte – er schreibt von drei Stockwerken, während es nur zwei gibt, und erzählt von Dingen, die hier nicht existieren –, gibt der Vergleich zwischen den beiden beschriebenen Herrensitzen den Ausschlag: Das Château de Dardagny ist nicht das elende Château de la Misère, aber sicherlich das prächtige Château de Bruyères.

Den Skeptikern sei gesagt, dass die Fassade des Château de la Misère im Roman nur über zwölf Fenster und zwei runde Türme verfügt, während Dardagny zweiunddreißig Fenster und quadratische Türme

aufweist. Natürlich war Genauigkeit nicht Théophile Gautiers wichtigstes Anliegen; so vermischte er wahrscheinlich Beschreibungen mehrerer Herrenhäuser in seinen Erzählungen über Capitaine Fracasse.

Théophile Gautier unternahm zahlreiche ausgedehnte Reisen nach Genf, um seine Geliebte Carlotta Grisi zu besuchen, eine italienische Tänzerin, die mit Jules Perrot verheiratet war. Um in Carlottas Nähe zu sein, heiratete er ihre Schwester Ernestine. Carlotta Grisis Villa im Viertel Saint-Jean existiert nicht mehr, doch ihr Grab befindet sich auf dem Friedhof von Châtelaine.

DIE ÜBRIGGEBLIEBENE FASSADE DER KAPELLE VON PEISSY ❶

Zug R 96712 und Bus W, Haltestelle Peissy
• Bus 67, Haltestelle Peissy

Überbleibsel einer alten Streitigkeit

In Peissy steht nur noch die Fassade der kleinen mittelalterlichen Kapelle Saint-Paul. Der vordere Eingang, gekrönt von einem Glockenturm, ist zugemauert. Der dahinter liegende Garten erinnert an einen heftigen Dorfstreit. Zum ersten Mal im Jahre 1295 erwähnt – auch wenn sie wahrscheinlich älter ist – wurde die Kapelle vor der Revolution geschlossen. Im 19. Jh. wollte der Historiker James Galiffe seinen

Grundbesitz erweitern, aber das Kirchlein war im Weg. So bat er 1826 das Dorf um Genehmigung, es abzutragen. Damit begannen vier Jahre schwieriger Auseinandersetzungen und hitziger Verhandlungen. Schließlich fand sich ein Kompromiss: Galiffe durfte die Kapelle abreißen, die angeblich ein Unterschlupf für Herumtreiber war, aber er musste die straßenseitige Fassade erhalten. Das Joch – das Holzstück, das die Glocke, die nun als Feuerglocke diente, trägt – wurde umgedreht.

Der Glockenturmbogen der Fassade mit einer einzigen Öffnung ist charakteristisch für die ersten Kirchen der Region und führte 1933 zur Aufnahme in die Liste der Baudenkmäler.

DIE LETZTEN GENFER „CAPITES"

Bourdigny
Bus 67, Haltestelle Bourdigny-Dessus
Croix-de-Rozon, Chemin de Verbant
Bus 46, Haltestelle Saconnex-Arve-Dessus

Zeugen der händischen Weinlese

Früher errichteten die Winzer Capites (Winzerhütten) inmitten der weiten Genfer Weinberge aufgrund der Entfernung zu den Dörfern. Sie dienten als Unterkunft für Pausen und schlechtes Wetter. Neben der minimalen Einrichtung, die aus einem Tisch, vier Stühlen und einer Strohmatratze bestand, lagerte dort auch Material und Werkzeug. Einige Capites sind richtige kleine, einstöckige Häuser in einem Meer aus Weinreben. Manche sind besonders bemerkenswerte Zeugen einer Zeit, in der die Pflege der Reben noch von Hand vorgenommen wurde und stehen sogar unter Denkmalschutz, darunter die Capite auf dem Chemin de Verbant

im Dorf Bardonnex (La Croix-de-Rozon), die durch ihr vierseitiges Dach auf zwei Stützpfosten und den Fensterrahmen aus Sedimentgestein auffällt. Die Inschrift zeigt das Erbauungsjahr 1773 (Foto links). Die schönste, ebenfalls im 18. Jh. erbaute Capite befindet sich im Weinberg von Bourdigny. Sie wirkt mit ihrem grünlichen Balkon und den Fensterläden wie ein Puppenhaus. Um die Weinberge nicht zu gefährden, begnügen sich die Besucher damit, es aus der Ferne zu bewundern und zu fotografieren (Foto diese Seite).

Die Winzerhütten finden sich in den meisten Weinbaugebieten. In der Gegend um den Genfer See werden sie *capite* genannt, im Wallis *guérité*, im Burgund *cabotte*, im Beaujolais *cabole* und in Ligurien *ciabotte*. Es gibt auch zahlreiche, aus Trockenstein gebaute Capites in der Region um Nîmes, wo sie auch als Hütten in den kleinen Weinbergen dienten, die im 18. und 19. Jh. der Macchie abgerungen wurden.

DIE „VERSTEINERTEN" VOR DEM PALAIS WILSON

❸

Palais Wilson
Quai Wilson
• Bus 1, Haltestelle Navigation

Symbole des Einzelschicksals und der Solidarität unter den Nationen

Auf der Terrasse der Cafeteria des Palais Wilson kniet eine Gruppe von acht „versteinerten" Personen. Sie befindet sich hinter einer Abzäunung, die die Öffentlichkeit fernhält – ein Detail, das die Allegorie noch verstärkt. Der Schweizer Künstler Carl Bucher gab dem Werk den Titel *Signe d'espoir* (*Zeichen der Hoffnung*). Es verkörpert die Archetypen der Menschheit. Einzeln genommen repräsentieren sie das Schicksal eines und einer jeden Einzelnen, als Gruppe hingegen die Nationen, die sich gegenseitig unterstützen, die Schwächsten beschützen und versuchen, in allem Gerechtigkeit walten zu lassen. Dies ist der Kern der Menschenrechte. Die Schweiz übergab das Werk am 19. Juni 2006 dem UN-Büro des Hohen Kommissars für Menschenrechte. Eine weitere „versteinerte" Gruppe befindet sich am Eingang des Internationalen Rotkreuz- und Rothalbmondmuseums, Avenue de la Paix 17.

PALAIS WILSON: EIN EREIGNISREICHES DASEIN

Bevor es zum UN-Büro des Hohen Kommissars für Menschenrechte wurde, hatte das Palais Wilson bereits eine ereignisreiche Vergangenheit. 1875 eingeweiht, war es zunächst das vornehmste Luxushotel in Genf. Auf Kosten von Paris und Brüssel, die sich ebenfalls darum bemühten, wurde es 1919 unter dem Einfluss des amerikanischen Präsidenten Woodrow Wilson zum Hauptquartier des Völkerbundes.

Die Enge im oft renovierten und umgebauten Gebäude veranlasste den Völkerbund jedoch, 1936 in das heutige Palais des Nations umzuziehen. Zwei Brände – 1985 und 1987 – zerstörten das Palais Wilson. Die Genfer stimmten 1990 ab, wie dieses am See liegende, riesige, leere Skelett weiterhin genutzt werden könnte.

Sie befürworteten das ursprüngliche Projekt der Stadt: ein Luxushotel und Kongresszentrum. Aber es fehlten die finanziellen Mittel ... Mit Unterstützung der Kammern bewilligte der Bundesrat 1994 ein Darlehen von 75 Millionen Franken für die Sanierung mit dem Ansinnen, Platz für ein „Haus der Umwelt" zu schaffen. Am Ende zog 1998 doch das Büro des Hohen Kommissars für Menschenrechte ein.

VILLA MON-REPOS

Rue de Lausanne 120
• Bus 1, Haltestelle Sécheron

> **Casanovas Liebesspiele am Seeufer**

Casanova, Abenteurer mit zehn Berufen und 122 Eroberungen, war sicherlich die zügelloseste Person, die je in der Villa Mon-Repos gewohnt hatte. 1762, während seines dritten Besuches in Genf, überredete der 37-jährige italienische Freigeist seinen Bankier Robert Tronchin, ihm die Villa zu leihen. In seinem Werk *Histoire de ma vie* (*Geschichte meines Lebens*) schildert er einen Abend mit zwei jungen und sehr wilden Genfer Mädchen – Hélène und Edwige – und beschreibt detailliert ihr Liebesspiel im Garten nahe dem Teich.

Nachdem Mon-Repos 1898 der Stadt vermacht wurde, entstand auf diesem Grundstück der erste öffentliche Park am Genfer See. Zuvor gingen viele berühmte Gäste in der eleganten, 1848 erbauten Villa ein und aus, vor allem der dänische Schriftsteller Hans Christian Andersen. (In Collonges-Bellerive, am gegenüberliegenden Ufer, macht es sich die Statue einer „kleinen Meerjungfrau" auf einem Felsen bequem, die Heldin einer seiner Geschichten und Hauptattraktion des „Nymphenstrandes" – eine Arbeit des Bildhauers De Senger).

Nachdem dort das Museum für Ethnographie und das Zentrum für experimentelles Fernsehen untergebracht war, ist die Villa heute der Hauptsitz des Henry-Dunant-Zentrums für Humanitären Dialog (in Renovierung). Ein kleiner Steinpavillon am Wasser beherbergt die Limnologie-Station (Erforschung der physikalischen und biologischen Phänomene der Seen), die 1877 von Philippe Plantamour ins Leben gerufen wurde.

DIE VERGESSENE REISE EINES FRIEDENSSYMBOLS

❺

Place des Nations
Straßenbahn 13, 15
Bus 8, Haltestelle Place des Nations

> *Wie die Kanone des Friedens der Verschrottung entkam*

Auch wenn die Kanone des Friedens auf dem Platz vor dem Palais des Nations ein eindrucksvolles Symbol ist, wäre sie doch beinahe auf dem Schrottplatz gelandet. Vom Künstler Brandenberger aus dem Kanton Glarus geschaffen, fand sie im Oktober 1983 ihren Platz auf der Esplanade des Palais Wilson. Zuvor wurde ein Marsch organisiert, um das Werk nach Genf zu transportieren. Die Teilnehmer wollten damit die Abrüstungskonferenz unterstützen, deren Arbeit fortzusetzen. Ihre Hoffnungen zerplatzten jedoch durch das Aussetzen der Gespräche einen Monat später. Während des Baus der Tiefgarage des Palais Wilson 1994 wurde die Skulptur „Frieden" eingelagert. Die lange Säumigkeit bewegte eine Gruppe

von Bürgern dazu, 2001 eine Petition einzureichen mit der Aufforderung, die Kanone des Friedens in die Pläne zur Aufwertung der Place des Nations aufzunehmen, die zu dieser Zeit diskutiert wurden. So findet sich diese Kanone mit dem verknoteten Ende und dem daran aufgehängten Rad einer Lokomotive (die Kreisform stellt nach Ansicht des Künstlers absolute Perfektion dar), in der Nähe des geschwungenen Gebäudes der Weltorganisation für geistiges Eigentum (WIPO).

DIE ERSTAUNLICHE GESCHICHTE ❻
DER JAPANISCHEN GLOCKE IM ARIANA-PARK

Jardins de l'Ariana
• Bus 1, 5, 8, 11, Haltestelle Palais des Nations/Avenue de la Paix

> **Wiederentdeckt, zurückgegeben und aufs Neue verschenkt!**

Zur japanischen Glocke, die heute unübersehbar im Ariana-Park steht, gehört eine spannende Geschichte: Sie begann, als der große Sammler und Kunstmäzen Gustave Revilliod sie Ende des 19 Jhs. in den Rüetschi-Gießereien in Aarau entdeckte. Wie kommt es, dass diese schöne japanische Glocke mit einer Tonne Gewicht im Schweizer Kanton Aargau landete? Revilliod (1817–1890) interessierte sich nicht dafür, als er die Glocke kaufte und in der Nähe seines Ariana-Museums platzierte. Bei einem Besuch in Genf erkannten Jahre später japanische Diplomaten die 1657 gegossene Glocke. Sie gehörte tatsächlich dem Honsen-ji Tempel in Shinagawa (Tokio), wo sie nach einem Feuer 1867 als verschollen galt. Ein Irrtum war ausgeschlossen, da die Glocke die Namen der ersten drei Shogune (Generäle) und Avatare von Kan'non trägt (der Bodhisattva Avalokiteshvara, im Orient von Buddhisten unter verschiedenen Namen verehrt). Es war der vierte Shogun Tokugawa Yoshinobu aus der Tokugawa-Dynastie, der diese Glocke dem Tempel schenkte. Seine Dynastie regierte von 1603 bis 1867, als ein Regimewechsel zu heftigen Unruhen im Honsen-ji-Tempel führte.

Als freundschaftliche Geste brachte die Schweiz 1910 die Glocke zurück. Achtzig Jahre später folgte die Belohnung: Junna Nakada, der Sohn des Mannes, der die Rückkehr der ursprünglichen Glocke nach Japan ausgehandelt hatte, bot Genf eine Nachbildung an. Seit 1991 hängt die Replik nun unter einem schützenden Pavillondach im Ariana-Park.

DAS FRESKO DER UNO VON EINEM 100-JÄHRIGEN MALER

Das Keramikbild an der Place des Nations beim Eingang zur UNO ist zweifellos weltweit einzigartig. Sein Schöpfer Henri Erni war bereits über 100 Jahre alt, als es im Juni 2009 bei einer Feier, zu der weitere 56 Hundertjährige aus Genf eingeladen waren, enthüllt wurde. Selbst in ausgezeichneter Form, erklärte der hochbetagte Künstler sein Werk: „Ich habe mein Bestes getan, um eine Transparenz zu erschaffen, die die Illusion erzeugt, durch die Mauern der UNO hindurchzudringen – dieser großartigen, nicht kriegführenden Organisation!"

DIE DREIZEHN BÄNDE
VON *LA FLORE DU MEXIQUE*

❼

Bibliothek des Botanischen Gartens
Chemin de l'Impératrice Chambésy 1
• Montag bis Donnerstag 13:30–16:30 Uhr, Freitag 13:30–16:00 Uhr
• Linien 1, 28, Haltestelle Jardin Botanique

> **Die
> Heldentat
> der Genfer Damen**

Mit den 13 Bänden *La Flore du Mexique* der Bibliothek des Botanischen Gartens verbindet sich eine erstaunliche Geschichte. 1817 gelang es 100 Genfer Damen in weniger als acht Tagen 860 Zeichnungen von Pflanzen zu kopieren, zusammen mit 119 weiteren Skizzen. Auf diese Weise huldigten sie dem berühmten Genfer Botaniker Augustin Pyramus de Candolle und vermieden, dass diese außergewöhnlichen Vorlagen ohne zuvor angefertigte Kopien nach Spanien geschickt wurden. Mehrere Naturforscher, die König Karl IV. von Spanien nach Amerika entsandte, hatten sie zusammengetragen. Einer von ihnen, José Mariano Mociño, wurde bei seinen Expeditionen vom neuen König Joseph I. (dem älteren Bruder Napoleons) unterstützt. Fünfzehn Jahre später kam Mociño nach Hause, aber Napoleons Niederlage und die Flucht Josephs I. zwangen ihn, im französischen Montpellier Zuflucht zu suchen. Dort traf er Candolle, und zwischen den Botanikern entstand eine Freundschaft. Inzwischen älter geworden und mit einer starken Sehnsucht, nach Spanien zurückzukehren, überließ Mociño vor seiner Abreise die Aufzeichnungen von *La Flore du Mexique* seinem Vertrauten. Er wusste sie bei ihm in sicheren Händen. Durch das veränderte politische Klima konnte Mociño im Frühjahr 1817 endlich heimkehren – und bat Candolle anschließend, ihm sein Lebenswerk *La Flore du Mexique* zukommen zu lassen. Dringend! Candolle folgte seinem Wunsch, wollte aber wenigstens ein paar Kopien behalten und wandte sich auf der Suche nach Hilfe an jeden, den er kannte. Das Ergebnis übertraf seine Erwartungen: „Dank dieser gemeinschaftlichen Arbeit, die nur in einer Republik möglich ist, die sich Familie nennt, durch die Freundlichkeit,

die die Genfer Öffentlichkeit mir durch diese Vielzahl verborgener Talente zu erweisen bereit war ... konnte ich eine neue Sammlung von etwa 1.300 Zeichnungen zusammenstellen ... Die Anfänger skizzierten die Details, die Hobbymaler verliehen ihnen Farbe, die Künstler übernahmen die schwierigsten Aufgaben, die Zeichenlehrer leiteten ihre Schüler an ... Und besonders bei den Genfer Damen fand ich das Talent und den Eifer, von dem ich gerade gesprochen habe! „

Candolle dankte den Genfern mit dem

feierlichen Versprechen: „... Ich werde alles unternehmen, um sicherzustellen, dass nach mir diese Arbeit Genf niemals verlassen wird, und dass sie fortwährend für den botanischen Unterricht und den Fortschritt der Künste und des Zeichnens zur Verfügung steht sowie zur Ermutigung zu öffentlichem Engagement."

Das Konservatorium des Botanischen Gartens weist eine umfangreiche wissenschaftliche Bibliothek auf, die – öffentlich zugänglich – mit über 220.000 Bänden und einem Herbarium mit etwa sechs Millionen Exemplaren zu den fünf größten der Welt zählt. Die Sammlung von Pflanzen und Pilzen stammt von überall her, aber vor allem aus dem Mittelmeerraum und dem Nahen und Mittleren Osten, Südamerika und Europa. Besuche von Gruppen sind mehrmals im Jahr am jeweiligen „Tag der offenen Tür" möglich (Information: +41 22 418 51 00).

TERNSTROEMIA lineata.

DIE GLOCKEN VON GENTHOD ❽

Temple de Genthod, Route de Rennex 2
École de Genthod, Route de Valavran 139

Die gestohlenen Glocken der Savoyarden

Die savoyardischen Glocken, die die Berner bei ihren gemeinsamen Feldzügen mit den Genfer Protestanten gegen das Haus Savoyen (1536) gestohlen hatten, hängen jetzt in Glockentürmen von Genthod. Die erste stammt aus dem Dorf Ballaison. Ursprünglich wurden zwei Glocken entwendet und auf Boote geladen; die schwerere rutschte ins Wasser – sie konnte nicht gerettet werden. Die andere (1471 von Guillaume Fribor gegossen) wurde 1648 schließlich der protestantischen Kirche von Genthod übergeben (sie steht heute unter Denkmalschutz).

Die zweite Glocke stammt aus Étrembières und hängt nun im Schulturm von Genthod. Sie trägt die Inschrift „1532 Étrembières Jésus Maria". Die Bürgermeister von Étrembières haben von ihren Genfer Kollegen bereits zweimal die Rückgabe dieser Glocke gefordert. Beide Male (in den Jahren 2002 und 2008) erhielten sie eine knappe Antwort: „Die Glocke hängt bereits so lange hier, dass sie Teil unseres Erbes ist!" Diese Reaktion unterschied sich nicht sonderlich von der des Genfer Rates vor langer Zeit, als das Dorf Annemasse die Rückgabe seiner Glocke verlangte: „Ihre Glocke diente dazu, Alarm gegen uns zu schlagen. Wir behandeln sie mit der Verachtung, die sie verdient!"

Damals waren Glocken eine wertvolle Beute, da sie zu Kanonen eingeschmolzen werden konnten (ein solches Schicksal ereilte die Glocke von Annemasse nach ihrer Plünderung 1536). Sie zu stehlen hinderte die katholische Bevölkerung zudem daran, per Glockengeläut vor der Ankunft des Feindes zu warnen.

> Juristisch und moralisch sind noch viele Fragen bezüglich der Rückführung von Kunstwerken in ihre Herkunftsländer offen – eine Debatte, die erst in den Anfängen steht. Die UNESCO hat eine Vereinbarung zu diesem Thema ausgearbeitet, die Verhandlungen zwischen den Ländern anregt und gleichzeitig klarstellt, dass sie nicht auf vor 1970 beschlagnahmte Gegenstände anwendbar ist. Die Glocken von Ballaison und Étrembières wurden im 16. Jh. entwendet ...

DER ÄLTESTE NUSSBAUM DER SCHWEIZ ❾

• Linie A, Haltestelle Meinier-Église

> **Meinier ist stolz auf seinen Riesen**

1863 wurde hinter der Dorfkirche in der Genfer Gemeinde Meinier der inzwischen älteste Walnussbaum der Schweiz gepflanzt. Seine Dimensionen sind beeindruckend: Einen Meter über dem Boden beträgt der Umfang des Stammes 6,10 m. Er ist 36 m hoch, seine Krone misst 113 m und bedeckt eine Fläche von mehr als 1000 m².

Woher kommt das außergewöhnliche Wachstum?

Ein Anteil „fremden Blutes" ist für die Ausmaße verantwortlich. Eine natürliche Kreuzung zwischen einer Genfer Walnuss (Juglans regia) und einer aus Amerika stammenden Schwarznuss (Juglans nigra) führte zu der riesigen Hybride *Juglans x intermedia pyriformis* („pyriformis", weil ihre tief gefurchten Früchte feigenförmig sind). Die Hybriden wurden insbesondere wegen des Holzes gepflanzt.

Dieser ehrwürdige Baum ist fast 150 Jahre alt; gerade das hundertjährige Alter erreicht, setzte ihm 1963 die extreme Kälte so stark zu, dass sein Überleben in Frage stand, doch der Baum blieb stark: Er versorgte seine Wunden und startete in das nächste Jahrhundert.

Auch ohne unmittelbare Gefahr wird dieses Denkmal gut umsorgt: Seine Hauptäste werden gestützt, zwei dicke Balken tragen einen massiv herausragenden Teil des Stammes. Meinier ist stolz auf seinen Walnussbaum und präsentiert nun in einem neuen Programm in der Westschweiz eine Sammlung von 40 Sorten.

Diese Bäume wurden zwischen 2005 und 2007 auf beiden Seiten einer Straße gepflanzt. Wenn ihre Kronen eines Tages aufeinandertreffen, wird diese „Walnuss-Allee" um 2040 über ein wertvolles genetisches Erbe aus der Region verfügen.

DER AUSGRABUNGSPLATZ DES CHÂTEAU DE ROUELBEAU   **⑩**

• Bus A, Haltestelle Carre-d'Amont

Das Schloss der Weißen Dame und seine Geheimnisse

Die Ruinen des Château de Rouelbeau sind seit langem von geheimnisvollen Sagen umgeben, wie die der Weißen Dame, die jedes Jahr zu Weihnachten um Mitternacht auftaucht, oder die der Schwarzen Katze, die man mit allen Mitteln verscheuchen muss, wenn man sich nicht in der Hölle wiederfinden will …

Archäologen fanden hingegen bei Ausgrabungen ganz Konkretes: Armbrüste und Töpferwaren, ein keramisches Jagdhorn und vor allem ein Metallsiegel mit dem Bildnis von Innozenz IV. (Papst 1243–1254). Es befand sich an einer päpstlichen Bulle, die es Aymon II. von Faucigny, Landbesitzer von Rouelbeau, erlaubte, Kapellen in den Dörfern Monthoux und Hermance zu errichten. Die Ruinen von Rouelbeau, die seit 1921 unter Denkmalschutz stehen, sind ein seltenes Beispiel für ein in der Ebene errichtetes Schloss. Ursprünglich aus Holz erbaut, rissen es die Berner 1536 nieder; das Gestein diente als Baumaterial für viele Bauernhöfe in der Nachbarschaft.

Nach Eröffnung der Grabungsstätte 2001 wurde auch der Wiederaufbau einiger Teile des Schlosses in Erwägung gezogen. Wahrscheinlich wird die Arbeit der Achäologen mit einer örtlichen Legende aufräumen: Sie erzählt von einem Tunnel, durch den die Bewohner des Schlosses im Falle einer Belagerung fliehen konnten. Jedoch scheint in dem sumpfigen Gelände die Existenz eines unterirdischen Tunnels höchst unwahrscheinlich …

DIE SAGE VON DER WEISSEN DAME

Die Weiße Dame hatte einen schlechten Ruf. Leichtsinnige, die es riskierten, die Burgruine in der Weihnachtsnacht zu besuchen, kehrten nie mehr zurück. Einmal beschloss ein armer Bauer auf Jagd zu gehen, in der Hoffnung, für seine alte Mutter den Weihnachtsbraten zu erlegen. Um Mitternacht erschien plötzlich die Weiße Dame. Der Bauer plädierte mit so viel Überzeugung für seine Sache, dass die Dame nachgab: „Für dich werde ich eine Ausnahme machen, folge mir." In diesem Augenblick verwandelte sich das verfallene Schloss zurück in seine frühere Pracht, hell erleuchtet, geschmückt und voll fröhlichem Gesang. Die Weiße Dame führte den Bauer in den Keller, wo er sich aus den Schatzkisten alles nehmen durfte, was er wollte. Er füllte eifrig seine Jagdtasche, Stiefel und Mütze mit Goldmünzen und kehrte in den Schlosshof zurück, als das Echo des letzten Mitternachts-Glockenschlags verhallte. Plötzlich befand er sich im Dunkeln, umgeben von bröckelnden Mauern. Aber das Gold war nicht verschwunden, da er sein Gewicht in den Taschen spüren konnte! Er wurde der reichste Mann im Land. Die Weiße Dame jedoch wurde nie wiedergesehen. Außer vielleicht von denen, die nie zurückkamen, um es zu erzählen …

DIE KINOORGEL VON CLAPARÈDE

Collège Claparède
Chemin de Fossard 61, Chêne-Bougeries
• Bus 5 oder 61, Haltestelle Chêne-Bougeries-Vallon

> **Eine Vorfahrin aus der Stummfilmzeit**

Die Kinoorgel von Claparède ist ein Juwel aus der Zeit des Stummfilms und die größte der drei noch vorhandenen Schweizer Exemplare. Die 650 Pfeifen und tonnenschweren Komponenten wurden 1982 installiert. Gleichzeitig mussten zwei angrenzende, hinter dem Instrument verborgene Räume umgebaut werden.

Aber wie ist diese Kinoorgel im Keller des Collège Claparède gelandet?

1937 in den Wurlitzer Werkstätten in den USA montiert, wurde das Instrument im Jahr darauf in einem Londoner Kino in Clapham Junction eingesetzt. Das Kino schloss 1979 und die Orgel wurde versteigert. Von einem passionierten Liebhaber informiert, erwarb sie der Genfer Staat und schenkte sie dem Collège Claparède, wo sie zum Star des Veranstaltungssaals avancierte.

Vor der Synchronisierung von Ton und Bild spielte ein Organist während eines auf die Leinwand projizierten Filmes. Neben den vielen klassischen Merkmalen einer Orgel verfügte eine Kinoorgel zusätzlich über ein Repertoire an Spezialeffekten und konnte zum Beispiel Klänge von zerschlagenem Geschirr, Lokomotivpfeifen, Wind, Vogelgesang und Feuerwehrsirenen imitieren. Was wären die Meisterwerke von Buster Keaton oder Charlie Chaplin ohne den Beitrag der Tastatur-Virtuosen? Zusätzlich unterhielten die Orgeln das Publikum in den Filmpausen oder bei öffentlichen Tanztees. Trotz der vielfältigen Möglichkeiten und des Zaubers, den sie ausstrahlte, wurde die Kinoorgel danach sehr wenig genutzt und deshalb ein Verein gegründet, um sie in der Öffentlichkeit bekannt zu machen. Er arbeitet intensiv daran, Mitglieder zu gewinnen und Veranstaltungen zu organisieren – schließlich ist es sehr wichtig, die Orgel zu pflegen und in Schuss zu halten.

DIE MAUERN DES WEBERHOFES

Route du Château-l'Évêque 27, Jussy
• Bus 27 oder C, Haltestelle Jussy-Place

> *Hofmauern aus historischen Grenzsteinen*

Dutzende von steinernen Grenzmarkierungen wurden im Laufe der Zeit von ihrem ursprünglichen Platz entfernt. Doch wo sind diese historischen Objekte mit dem G von Genf, dem S von Sardinien, Daten, Schilden und Wappen geblieben? Sie können fast überall auf beiden Seiten der Grenze gefunden werden. Wie der Markierungsstein, der jetzt im Rasen der französischen Unterpräfektur von Saint-Julien (BF 78A) steckt, oder die vier vor der Commanderie von Compesières (BF 77A, 69 bis, 79, 71) – sie alle blieben bei der Verlegung der Nationalstraße 206 übrig. Weitere sind im ganzen Kanton verstreut und vielfach zu dekorativen Elementen geworden. So besitzt das Genfer Grundbuchamt zwei davon, der größere (70 bis) stammt von der Kreuzung in Archamps (Landecy).

Beim Bau des Weberhofes in der Route du Château-l'Évêque 27 in Jussy wurden einige der schönen weißen Steine als Rahmen für Türen und Fenster

genutzt, etwa 20 weitere befinden sich wahrscheinlich in dem Haus. Sie stammen vermutlich alle aus den vom Königreich Sardinien und von Frankreich unterzeichneten Verträgen von 1749 und 1754, in denen Grenzen festgelegt worden waren, die aber 1815 durch Neuziehung ihre Gültigkeit verloren hatten. Ein ganzes Stück Geschichte ist so in den Wänden eines Hofes enthalten, mit verkehrten G und S und eingravierten Zahlen, die zu weiteren Nachforschungen anregen ...

DAS HAUS DER HELDENHAFTEN IRÈNE GUBIER

⓭

Gaillard, Zollamt Moillesulaz
• Tram 12, C, Haltestelle Moillesulaz

> **Ein Durchgangsort für Juden**

Wenige Schritte vom Zollamt Moillesulaz entfernt, am Ufer des Furon, der Genf und Frankreich trennt, bot ehemals ein wackeliges Haus vorübergehend Schutz bei der Flucht vor dem Naziregime während des Zweiten Weltkriegs. Dieses Haus steht genau auf der Grenze: Der Eingang ist in Frankreich, aber die Fenster gehen auf einen Rasen in der Schweiz. Von 1940 bis 1944 half seine Besitzerin Irène Gubier einer großen Anzahl von Juden von einem Land ins andere. Sie mussten einfach durch das Haus gehen, dann ein Feld und schließlich den Bach überqueren. Gubier besaß ein weiteres Haus in Aix-les-Bains, wo sie seit Kriegsbeginn ein paar Juden untergebracht hatte. Monatelang kamen immer neue nach, die es leider nicht alle geschafft haben, denn die Genfer Behörden schickten viele Flüchtlinge zurück. Irène Gubier, die 1940 43 Jahre alt war, kannte dieses gefährliche Leben seit ihrer Jugend, als der französische Geheimdienst ihr Haus nutzte, um ohne aufzufallen in die Schweiz zu gelangen. Ihre Hilfe für verfolgte Juden dauerte vom Sommer 1941 bis zum Sommer 1942. Dann schloss sie sich dem Gilbert-Netzwerk an und wurde beauftragt, Geheimpost zu versenden und Diplomaten zu helfen, die Grenze zu überqueren, weshalb das Haus „Die Botschafterpassage" genannt wurde. Tatsächlich leitete Oberst Groussard alias Gilbert dieses Netzwerk von Genf aus, wo er nach der Flucht vor dem Vichy-Regime in Frankreich Zuflucht gesucht hatte. Die Schweiz war ein praktischer Knotenpunkt, um britische Agenten zu treffen oder Hilfe von Schweizer Anti-Nazis zu erhalten.

DANS CETTE MAISON
IMPORTANT LIEU DE PASSAGE
S'ILLUSTRA DE 1940 A 1944
IRENE GUBIER LIEUTENANT
DES FORCES FRANCAISES COMBATTANTES
OFFICIER DE LA LEGION D'HONNEUR
ARRETEE LE 20 JANVIER 1944
ELLE FUT DEPORTEE
AU CAMP DE CONCENTRATION
DE RAVENSBRUCK

Vorsorglich musste Irène Gubier Ende des Sommers 1942 damit aufhören, einzelnen Flüchtlingen zu helfen. Wie die an der Fassade angebrachte Tafel zeigt, wurde Irène Gubier am 20. Januar 1944 verhaftet und in das Konzentrationslager für Frauen im norddeutschen Ravensbrück deportiert.

DREI HELDEN VON VIELEN

Pater Louis Favre leitete die Salesianer-Schule des hl. Franziskus, in Ville-la-Grand. Die Mauer an der Rückseite des Grundstücks bildete die Grenze des Kantons Genf. Über eine Leiter gelangten heimlich 2000 Personen auf die andere Seite. Von den Deutschen festgenommen und gefoltert, wurde Pater Louis Favre am 16. Juli 1944 von einem Erschießungskommando hingerichtet.

Priester Marius Jolivet, Pfarrer von Collonges-sous-Salève, half mit Unterstützung seiner Gemeindemitglieder hunderten jüdischen Frauen, Kindern und älteren Menschen in die Schweiz (es gab ein separates Netzwerk für Männer). Von fragiler Gesundheit, verfolgte er unermüdlich seine Aktivitäten als Priester, Retter und Widerstandskämpfer. Er starb 1964.

Priester Jean Rosay aus Douvaine organisierte ein Netzwerk, das hunderten jüdischen Kindern und Jugendlichen half, die Schweizer Grenze zu überqueren. Am 11. Februar 1944 festgenommen, wurde er nach Auschwitz deportiert und nach Birkenau gebracht, wo er einen Monat vor der Befreiung des Lagers starb.

DIE LETZTE DOPPELSTOCKBANK

Rondeau de Chêne-Bougeries
• Bus 8, Haltestelle Conches

> *„Diese Bank erzählt von vergangenen Zeiten ..."*

Es ist möglich, bescheiden und historisch zu sein. Diese zweistöckige Bank im Rondeau von Conches in Chêne-Bougeries ist ein wertvoller Beweis für den Weg, den die savoyardischen Bäuerinnen des 18. Jhs. täglich zurücklegten, um ihre landwirtschaftlichen Erzeugnisse in der Stadt Genf zu verkaufen.

Die Frauen trugen die Körbe auf dem Kopf und mussten sich dank dieser genialen Bank mit Étage nicht bücken. Sie luden einfach ihre Last auf die obere Planke und setzten sich dann auf die untere.

Eine Tafel mit einem Text von Henri de Ziegler erinnert an die einzigartige Rolle dieser Bank: *„Halte hier, Reisender. Diese Bank lädt zum Zuhören ein. Sie erzählt dir von einer fernen Zeit, als Bauersfrauen von Savoyen aus zu Fuß in die Stadt kamen, um ihre Eier, Gemüse und Früchte auf dem Markt anzubieten. Sie stellten ihre Körbe oben ab, um sich nach der langen Reise eine kurze Pause zu gönnen. Mach es genauso und lass dich von diesem bezaubernden Ort zum Tagträumen einladen. Es gab noch andere ähnliche Bänke in der Nähe von Genf. Heute ist diese die letzte. Sie ist ein einfaches Denkmal, das uns an eine Zeit erinnert, die weit weniger hektisch war als unsere. Du wirst feststellen, dass es eine angenehme Erinnerung ist."* Für die bessergestellten Bauern,

die einen Eselskarren besaßen, bot das nahe gelegene Fischerdorf (ein kleiner Ort, in dem Süßwasserfische gezüchtet wurden) ein Wasserloch für die Tiere. Diese damals eher sumpfige Region bestand aus kargen Feldern und Weiden, die Bougies genannt wurden und dem Dorf seinen Namen gaben. Auch Wölfe lebten hier. 1774, als die savoyardischen Soldaten sich geweigert hatten, den Bauern von Chêne Waffen zu geben, um die Tiere zu jagen, wurden stattdessen Hunde vergiftet und im Wald als Köder liegen gelassen!

DER MYSTERIÖSE PAVILLON VON PONT-DE-SIERNE

Route du Pas-de-l'Échelle 2
Veyrier
• Bus 8, Haltestelle Pont-de-Sierne

Unzählige, inzwischen vergessene Gerüchte wurden einst über dieses seltsame kleine Haus über dem Restaurant von Pont-de-Sierne verbreitet, dessen Tür jetzt zugemauert ist.

Das geheime Versteck von Liszts Geliebten?

Angeblich hatte Franz Liszt hier heimlich eine weitere Mätresse untergebracht, während er sich mit Marie d'Agoult in Genf aufhielt. Dieser Pavillon muss das perfekte Liebesnest gewesen sein. Erbaut in der zweiten Hälfte des 19. Jhs., bestehen die drei Stockwerke aus jeweils einem einzigen Raum. Die beiden Gipsmedaillons an der Fassade zeigten ursprünglich links Orpheus und rechts Hercules, der leider nicht mehr existiert. An der Seitenwand flattern pausbäckige Cherubim auf einem Basrelief.

Einige Zeitungskolumnisten behaupten, diese üppige, bei einem solchen Puppenhaus unübliche Dekoration, sei beim Abriss des an der Bastion erbauten, ersten Genfer Theaters (1880 –1881) gerettet worden.

Der Pavillon diente auch als Kulisse für den 1970 vom Schweizer Jean-Louis Roy gedrehten Film *Black Out*. Die Geschichte handelt von einem alten Ehepaar, das sich mit einem enormen Essensvorrat in diesem winzigen Haus einschließt, überzeugt, die Apokalypse des totalen Krieges stünde kurz bevor. Sie kommen schließlich Monate später wieder heraus, fast verrückt geworden. Mit den Händen in der Luft wandern sie am frühen Morgen, im Glauben, sie seien von „Feinden" umgeben, die Straße entlang.

DER ISRAELITISCHE FRIEDHOF IN VEYRIER

• Linie 8, Haltestelle Veyrier-Douane

> **Geteilt durch die französisch-schweizerische Grenze**

Der jüdische Friedhof von Veyrier ist einzigartig in Europa, wenn nicht sogar in der Welt, wie manche behaupten: Die französisch-schweizerische Grenze verläuft mittendurch, und die Grenzmarkierungen der beiden Länder befinden sich auf dem Friedhof. So gehören 70 % seiner Fläche zur französischen Gemeinde Étrembières, weshalb Besucher ihren Personalausweis dabeihaben müssen, da die Zollbeamten danach fragen könnten …

Doch wie konnte diese ungewöhnliche Situation entstehen?

1876 wurde in Genf eine säkulare Gesetzgebung verabschiedet, die konfessionelle Friedhöfe verbot: Ein Volk, das sich zu Lebzeiten vermischt, musste es im Tod ebenso tun. Das sollte für Frieden zwischen Protestanten, Katholiken und Atheisten sorgen. Aber die Juden hatten in Carouge einen eigenen Friedhof mit anderen Regeln, da die Nutzung ihrer Gräber unbefristet sein muss und diese keiner Verlängerung des Nutzungsrechts unterliegen. Als der Friedhof keinen Platz mehr bot, wurde 1920 zwischen Veyrier und Étrembières eine Vereinbarung getroffen, einen neuen Friedhof anzulegen mit einem Eingang in der Schweiz (wo später eine Kapelle und ein Bestattungsinstitut errichtet wurden) und Gräbern auf französischem Boden, wo die Füße der Toten Richtung Jerusalem ausgerichtet werden können. 1987 konnte eine Erweiterung dieses Friedhofs nur auf französischem Gebiet gemäß

den Anforderungen der Gesetzgebung von 1876 vorgenommen werden. Die schweizerische Kompromissfähigkeit erlaubte jedoch gewisse Anpassungen: Im Jahr 2007 wurde der jüdischen Gemeinde für die Beerdigung der Toten ein Grundstück von ca. 1.000 m² auf schweizerischem Territorium zur Verfügung gestellt. Wie konnte das besagte Gesetz von 1876 umgangen werden? Mit der Bestimmung „In einem grenzüberschreitenden Friedhof gilt das Recht des Nachbarlandes, wenn sich der größte Teil des Bodens im Ausland befindet".

In Veyrier-Étrembières liegt der Schweizer Schriftsteller Albert Cohen, Autor von *Belle du Seigneur* (*Die Schöne des Herrn*), begraben.

DER ORT VON FERDINAND LASSALLES DUELL 🄷

Wald von Veyrier
Chemin des Bûcherons
Bus 8, Haltestelle Stand-de-Veyrier

> **Ein Waffenduell um die Hand der schönen Hélène**

Heute kennen nur noch wenige Genfer den genauen Ort des Waffenduells vom 28. August 1864 in Veyrier, bei dem Ferdinand Lassalle getötet wurde. Ein großer erratischer Steinblock am Chemin des Bûcherons weist jedoch darauf hin (er wurde beim Bau einiger Villen um ein paar Meter verschoben).

Lassalle, ein deutscher Jude, der seinen ursprünglichen Namen mit dem Zusatz „le" französisierte, war Präsident der ersten großen sozialistischen Partei Europas, des Allgemeinen Deutschen Arbeitervereins. Das Herz dieses Mannes aus einer wohlhabenden Familie schlug für eine gerechtere Welt, was ihn in zahlreiche soziale Kämpfe verwickelte.

Als schon reifer Mann verliebte er sich leidenschaftlich in das blonde, zwanzigjährige bayerische Mädchen Hélène von Dönniges. Sie war jedoch mit einem ihrem Alter entsprechenden Studenten aus einer adeligen rumänischen Familie, Yanko de Racowitz, verlobt. Hélène erwiderte anfangs trotz des heftigen Einspruchs ihrer Familie Ferdinands Liebe, bevor sie sich aufgrund von Druck, Drohungen und ihrer eigenen Flatterhaftigkeit von ihm distanzierte. Ferdinand Lassalle weigerte sich, die Trennung zu akzeptieren und forderte Hélènes Vater (verantwortlich für die „teutonischen" Angelegenheiten in der Schweiz) zum Duell heraus, indem er ihn beschuldigte, seinem Glück im Wege zu stehen. Der Vater entzog sich dem Duell und flüchtete nach Bern. Um die Ehre der Familie zu retten, nahm Hélènes junger Verlobter Yanko die Herausforderung an. Unerfahren stand er Lassalle, einem formidablen Scharfschützen, gegenüber. Das Duell fand auf einer Lichtung in der Nähe des Schießplatzes von Veyrier statt. Yanko feuerte – noch bevor der Kampfrichter den Befehl gab – eine Kugel in Lassalles Bauch. Lassalle verfehlte daraufhin sein Ziel ... Er starb drei Tage später, am 31. August, in einem Zimmer im Victoria Hotel im Alter von 40 Jahren.

Eine bescheidene Stele wurde 1891 in Bossey in der Nähe des Schwarzen Teiches vom Genfer Zweig des Allgemeinen Deutschen Arbeitervereins auf der anderen Seite der Grenze in Frankreich errichtet. Dies geschah, um die Rechtsprechung beider Länder zu respektieren, da die Todesduelle damals in Frankreich nicht so streng bestraft wurden wie in der Schweiz. Dieses Denkmal steht jetzt auf dem 1983 angelegten Golfplatz in Bossey in der Nähe von Loch Nummer 8 (Foto rechts).

Als Anhänger von Karl Marx hätte Ferdinand Lassalle, der hoffte, der Staat würde durch Demokratie sozial werden, sein Schicksal in Deutschland vollenden können. Wegen seiner politischen Aktivitäten verurteilt, verbrachte er mehrere Monate seines Lebens im Gefängnis.

Die schöne Hélène de Racowitz – die später den Mörder ihres Geliebten heiratete! – diente Jean-Baptiste Carpeaux als Vorlage für seine berühmte Skulpturengruppe *La Danse (Der Tanz)*, die den Eingang zur Opéra Garnier in Paris ziert. Das Gesicht der Hauptfigur, der *Geist* des Tanzes, wurde nach ihr modelliert, aber der Körper der Statue ist der eines Mannes, der einem Tischler namens Sébastien Visat nachempfunden ist. Diese Figurengruppe verursachte 1867 einen großen Skandal. Heute befindet sich das Original im Musée d'Orsay in Paris; an der Oper steht eine Kopie des Bildhauers Paul Belmondo.

GUERLAINS GEHEIMER GARTEN

Troinex, Chemin de la Cantonnière 30
• An zwei Nachmittagen pro Woche für eine Stunde teilweise
Besichtigung des Gartenbaubetriebs Verdonnet-Bouchet und der
Gewächshäuser möglich
• Tel.: +41 22 899 19 50

Länger leben und schön bleiben dank der Orchidee?

Die Orchidee ist eine faszinierende Pflanze, nicht nur wegen ihrer Schönheit. Vor einiger Zeit sind ihre seit der Antike bekannten medizinischen und diätetischen Eigenschaften wiederentdeckt worden. Sie haben das Interesse von Kosmetikfirmen wie Guerlain gewonnen, die unauffällig in den Genfer Vororten Tests durchführt.

Im Versuchsgarten der Firma Verdonnet Bouchet in Troinex finden sich etwa 80 Orchideenarten aus Yunnan in China. Der Chef, Ethnobotaniker François Gérard, untersucht, kreuzt und selektiert die Pflanzen, um diejenigen mit den aktivsten Eigenschaften zu finden. Die besten der verbesserten Sorten

werden dann in ihrer chinesischen Heimat wieder eingepflanzt, wo Guerlain ein Naturschutzgebiet von 600 Hektar besitzt. Warum dieses Interesse und diese Investitionen? Einige Orchideen enthalten Moleküle, die Forscher faszinieren: Sie könnten Mechanismen der Langlebigkeit, Selbstheilung, Stressreduktion usw. aktivieren. Das Ziel der Labors ist, die passende Formel für eine Anti-Aging-Creme zu finden. Länger leben und die Schönheit erhalten mit dieser magischen Blume? In Troinex füllen sich zumindest die Augen mit Schönheit.

In den Gewächshäusern Verdonnet-Bouchet werden auch konventionelle Orchideen für Floristen angebaut (80.000 Töpfe pro Jahr), die in Frankreich (60 %) und Genf (40 %) verkauft werden. Das Unternehmen ist stolz auf seine ökologische Landwirtschaft und integrierte Produktion. In den 50.000 m² großen Gewächshäusern werden auch viele andere Blumen gezogen.

DIE GEHEIMNISSE DER ORCHIDEEN

Gegenwärtig sind etwa 600 Orchideenarten identifiziert, und es werden immer noch neue entdeckt. Einige faszinierende Fakten: *Vanda cœrulea* wächst in den Baumwipfeln zwischen 60 m und 70 m über dem Boden. Wie kann sie überleben? Ist ihr Geheimnis, ein chemisches Element in ein anderes umwandeln zu können? Eine andere, kürzlich identifizierte Art hat eine ungewöhnliche Anpassungsfähigkeit: Sie wächst gleichermaßen auf Bäumen, in der Erde oder im Kies.

DAS KATHOLISCHE KREUZ VON SÉZENOVE

Dorf Sézenove
• Bus L, Richtung Dorf Avusy

Das katholische Kreuz am Eingang des Dorfes Sézenove ist wegen der aufwändig verzierten Schmiedearbeit einzigartig im Kanton Genf. Es wurde von Priester M. Merme in Auftrag gegeben (die Inschrift befindet sich auf dem weißen Kalksteinfundament).

Ein Protestsymbol

Die Symbolik dieses Kreuzes ist jedoch wichtiger als seine Originalität oder Ästhetik. Sie steht für die Proteste der katholischen Gemeinden gegen die protestantischen Mächte. Die Zusammenlegung von 24 katholischen Dörfern Savoyens, wie durch die Verträge von Turin im Jahr 1816 beschlossen, war nur ein weiterer Schritt der bereits 1815 erfolgten Vereinigung von acht anderen Dörfern (Vertrag von Paris). Als Zeichen einer beginnenden Rebellion

(hauptsächlich von 1840–1870) stellte die katholische Bevölkerung an den wichtigsten Straßengabelungen Kreuze auf. Sie deuteten unmissverständlich auf die Religion im „wiedervereinigten" Dorf hin, wurden aber selten auf offenem Land platziert. Jenes am Signal de Bernex (der zweithöchste Punkt im Kanton, 509 m, nach Moniaz, 516 m) war eine große Ausnahme (Mission 1850). Die dominante Position ermöglichte es, die katholische Religionszugehörigkeit auch aller Nachbardörfer wie Bernex, Confignon, Laconnex oder Onex zu zeigen.

> Nach den neuesten Statistiken sind 39,5 % der Genfer römisch-katholisch und 17,4 % protestantisch.

> Direkt neben dem katholischen Kreuz befindet sich einer der eindrucksvollsten Genfer Brunnen. Seine in zwei Reihen angeordneten sechs Becken sind Teil der kantonalen Geschichte. Die aus weißem Stein stammen von 1822, während die aus Beton 1921 entstanden.

DER STEIN DER JUSTIZ

• Bus L, Haltestelle Soral, dann 15 Minuten Fußweg nach La Feuillée

> *Der Stein der Justiz ist nach Soral zurückgekehrt*

Mitte September 2009 kehrte Sorals „Justizstein" auf Genfer Boden zurück. Er wurde 1995 von vier Personen aus Norcier, einem französischen Dorf im Distrikt Saint-Julien-en-Genevois, versetzt. Es lag nicht in ihrer Absicht, ein historisches Wahrzeichen zu stehlen, sondern sie wollten es vor den vielen Lastwagen, die die nahe gelegene Kiesgrube anfuhren, schützen. Ihre Besorgnis war berechtigt: Ursprünglich gab es zwei Steine, doch der Bau der Route de Soral im 19. Jh. zerstörte bereits einen davon. Der übriggebliebene Stein wurde somit auf französisches Territorium unter eine Pappel an einer Wegkreuzung gelegt (Foto unten). Eine Tafel erläuterte die Geschichte dieses Granitblocks, der auf einer Seite vier Löcher hat: Kerben, die wahrscheinlich dazu dienten, ein Holzgestell und ein geprägtes Kreuz zu halten.

Mit der Verlegung des Steins begann ein langer Streit, denn die Behörden von Soral forderten die Rückgabe. Die Verhandlungen dauerten 14 Jahre ...

Heute steht der „Justizstein" neben der Route de Soral an der Stelle, die als La Feuillée (Foto links) bekannt ist, auch wenn dies nicht seinem ursprünglichen Standort entspricht, denn dieser befand sich nur ein paar Meter vom

Grenzstein 49 entfernt. Als Frankreich und die Schweiz 1966 während des Baus der Autobahn Grundstücke tauschten und Grenzkorrekturen durchführten, wurde diese Markierung verschoben.

WAS IST DER STEIN DER JUSTIZ?

Der Justizstein markierte die Stelle, an der die Häftlinge von den Ordensbrüdern des Priorats Saint-Victor dem Herrn von Ternier übergeben wurden. Den durch kanonisches Recht gebundenen Priestern war es verboten, gewaltsame Strafen zu vollstrecken. Es war also der Gutsherr, der gemäß den Seyssel-Verträgen von 1124 das „Recht der äußersten Qual" innehatte. Nackt und angekettet wurden die zum Tode Verurteilten den Soldaten und Terniers Henker übergeben. Manchmal beschränkten sich die Strafen auf einfache Verstümmelungen, die bei Norcier am „Ohrenschneidestein" vorgenommen wurden.

GRENZSTEINE

Die Grenzsteine erzählen die komplexe Genfer Geschichte

Genf grenzt für 105 km an Frankreich, aber nur 4,5 km an den Kanton Waadt und die übrige Schweiz. Diese Position als Fast-Enklave erklärt die beträchtliche Anzahl von Grenzsteinen, die sein Territorium auf der französischen Seite markieren: 268 an der Grenze Haute-Savoie und 207 an der Grenze zur Ain-Region.

Die ereignisreiche Geschichte dieser Gebiete brachte auch einen Teil der Komplikationen mit sich, von denen die Grenzsteine erzählen: Sardinien und sein Adler mit weit gespreizten Flügeln, Frankreich und seine königliche Lilie, Genf mit Adler und Schlüssel ... Eingemeißelt erinnern sie an die aufeinanderfolgenden Verträge, die diese Region geprägt haben.

Im Laufe der Zeit hinterließen die Grenzkorrekturen gelegentlich originelle Spuren. Als 1963 der Flughafen Genf vergrößert wurde und somit französisches Territorium beanspruchte, verstreuten sich auch die obsoleten Grenzsteine im administrativen Chaos.

Zum Beispiel landete der Stein 73 von Meyrin/Prévessin auf mysteriöse Weise in Soral auf privatem Grund, als dekoratives Element eingearbeitet in ein schmiedeeisernes Tor! Natürlich markiert er keine offizielle Grenze mehr.

Grenzstein 1 in Chancy ist der westlichste Punkt des Kantons Genf und damit auch der Schweiz. Diese spezielle Position wurde 1993 mit einem gemeinsamen Besuch der Großen Räte der deutschen Schweiz, des Tessin und von Genf sowie der französischen Behörden gewürdigt. Eine Erinnerungsplakette befindet sich auf einem erratischen Block 383 m von der Markierung entfernt, wie der Landvermesser Jean-Paul Wisard – Autor einer offiziellen Bestandsaufnahme der Genfer Grenzsteine – feststellte.

Man findet immer wieder auch Spaßiges: In der Nähe einer Hecke, auf halbem Weg zwischen der Zollstation von Perly/St-Julien und dem Autobahngrenzübergang, steht die Markierung 61 mit einem umgekehrten S für Sardinien! Der Fehler wurde wahrscheinlich von einem ungebildeten Steinmetz verursacht, der seinen „chablon"* für die Gravur nicht richtig positioniert hatte.

* chablon: ein schweizerisch-französischer Begriff für „Schablone"

ALPHABETISCHER INDEX

ALPHABETISCHER INDEX

BILDNACHWEIS:
Alle Fotos von Christian Vellas, außer:
Archäologische Stätte von Saint-Gervais: Eric Aldag. Grenzsteine: Jean-Paul Wisard. Golfplatz De Bossey:
Joël Vellas. Bio-Kino: Claudio Merlini. Medizinisches Zentrum Cornavin: Cyril Vellas.

Illustrationsnachweis: Rue des Barrières, Stich von H. C. Forestier (1900). Muret-Gebäude, Collection
Willy Aeschlimann. Der verlorene Sohn, Detail eines Aubusson-Teppichs. Passage des Lions um 1920,
Collection Gad-Borel Boissonnas. Einweihung des Nationaldenkmals, Musée d'art et d'histoire, Collection
Vieux-Genève. Ehemaliger Port de la Fusterie, Stich von L. Hess. Die Escalade, Stich von Franz Hoggenberg
(1603). Porträts: © DR.

DANKSAGUNG: O. Barde, Gad Borel-Boissonnas, Corinne Charles, Daniel Hameline, Armand Lombard, André
Pozzi, Flurin Spescha, Corinne Walker, Jean-Paul Wisard.

Karten: Jean-Baptiste Neny - Layout-Konzept: Roland Deloi - Umschlaggestaltung: Coralie Cintrat -
Layout: Stéphanie Benoit - Deutsche Übersetzung: Bettina Wiegel - Korrekturlesen: Rupert Hofkofler, Lea
Intelmann - Projektleitung: Clémence Mathé

Thomas Jonglez

Die Idee, die ihm bekannten verborgenen Orte von Paris zu Papier zu bringen, kommt Thomas im September 1995 im pakistanischen Peschawar, 20 Kilometer von den Stammesgebieten entfernt, die er wenige Tage später besucht. Seine siebenmonatige Reise von Peking nach Paris führt ihn damals unter anderem nach Tibet (in das er ohne gültige Papiere, versteckt unter Decken in einem Nachtbus, einreist), in den Iran und nach Kurdistan. Den gesamten Weg legt er ohne Flugzeug, ausschließlich per Schiff, Anhalter, Fahrrad, Zug oder Bus, reitend und zu Fuß zurück. Er erreicht Paris gerade noch rechtzeitig, um mit seiner Familie Weihnachten zu feiern.

Nach der Rückkehr nach Paris verbringt er zwei wunderbare Jahre damit, die Straßen seiner Geburtsstadt zu erkunden, um gemeinsam mit einem Freund seinen ersten Reiseführer über die Geheimnisse der französischen Hauptstadt zu schreiben. Anschließend ist er zunächst sieben Jahre in der Eisen- und Stahlindustrie tätig, bevor ihn erneut die Leidenschaft packt und er sich ganz dem Entdecken widmet. 2005 gründet er den Jonglez Verlag, 2006 zieht er nach Venedig.

2013 zieht es ihn mit seiner Familie wieder in die Welt hinaus. Sechs Monate lang führt die Reise von Venedig über Nordkorea, Mikronesien, die Salomon-Inseln, die Osterinsel, Peru und Bolivien nach Brasilien. Heute lebt Thomas mit seiner Frau und seinen drei Kindern in Rio de Janeiro.

Die Bücher des Jonglez Verlags sind in neun Sprachen und 30 Ländern erhältlich.

© JONGLEZ 2019
Pflichtexemplar: April 2019 – 1. Auflage
ISBN: 978-2-36195-299-0
Gedruckt in Bulgarien bei Dedrax